Andreas Pawlas

HIMMLISCHES BROT

Andreas Pawlas

HIMMLISCHES BROT

Predigten im Jahreskreis

Fromm Verlag

Impressum/Imprint (nur für Deutschland/ only for Germany)
Bibliografische Information der Deutschen Nationalbibliothek: Die Deutsche Nationalbibliothek verzeichnet diese Publikation in der Deutschen Nationalbibliografie; detaillierte bibliografische Daten sind im Internet über http://dnb.d-nb.de abrufbar.

Coverbild: www.ingimage.com

Verlag: Der Fromm Verlag ist ein Imprint der
VDM Publishing House Ltd.,17 Rue Meldrum, Beau Bassin,1713-01 Mauritius
Website: www.frommverlag.de
Email: info@frommverlag.de

Gedruckt in USA, UK, Deutschland. Dieses Buch wurde nicht in Mauritius produziert

Imprint (only for USA, GB)
Bibliographic information published by the Deutsche Nationalbibliothek: The Deutsche Nationalbibliothek lists this publication in the Deutsche Nationalbibliografie; detailed bibliographic data are available in the Internet at http://dnb.d-nb.de .

Publisher:
Fromm Verlag is an imprint of the publishing house
VDM Publishing House Ltd.,17 Rue Meldrum, Beau Bassin,1713-01 Mauritius
Website: www.frommverlag.de
Email: info@frommverlag.de

Printed in: U.S.A., U.K., Germany. This book was not produced in Mauritius.

ISBN: 978-3-8416-0065-3

HIMMLISCHES BROT

INHALTSVERZEICHNIS

VORWORT

Dass ein Mensch für sein Leben Nahrungsmittel braucht, ist vollkommen selbstverständlich. Und darum steht seit Urzeiten das Brot als Zeichen für diese wichtige Hilfe zum Leben. Und deshalb benutzt man auch in unserer Sprache gern den Ausdruck „Broterwerb“ für alle berufliche Mühe, durch die man die Mittel erhält, alles zu erwerben, was man zum Leben braucht.

Was nun die Versorgung mit Brot in unserem Lande angeht, so ist hier im Prinzip - Gott sei es gedankt - genug Brot für jedermann zu haben. Bekanntlich steht das aber im krassen Gegensatz zu anderen Ländern, in denen Nahrungsmittel knapp sind und wo man deshalb gegen den Hunger kämpfen muss. Es ist gut, dass man hierzulande im Sinne christlicher Nächstenliebe in vielfältiger Weise dazu beitragen kann, diesen Hunger in armen Ländern zu lindern oder zu beseitigen. Nicht umsonst trägt die wichtige Evangelische Hilfsorganisation gegen den Hunger in der Welt den Namen „Brot für die Welt“.

Obwohl nun unser Land von Hunger nach dem materiellen Brot verschont ist, existiert dennoch genügend Hunger nach einer Nahrung, die nicht aus Mehl oder ähnlichem hergestellt wird. Offenkundig gibt es einen Hunger und eine Sehnsucht nach Dimensionen, die über das alltäglich Materielle hinausgehen. Damit soll nicht die Bedeutung der täglich notwendigen Nahrungsmittel geschmälert werden. Aber vielfach sind die Seelen der Menschen in ihrem Fragen nach dem Sinn von Leid und Schmerz, Vergangenheit und Zukunft auch nicht durch leckerste Speisen und kernigstes Backwerk zufrieden zu stellen. Deshalb machen sie sich auf die Suche nach geistlicher Speise, so wie sie uns im Evangelium von Jesus Christus begegnet. Und genau deshalb sagt Christus uns im Johannes-Evangelium (Joh 6,51):

„Ich bin das lebendige Brot, das vom Himmel gekommen ist.
Wer von diesem Brot isst, der wird leben in Ewigkeit.“

Derart elementar und „nahrhaft“ allen Menschen das Helfen, Trösten und Erlösen durch Jesus Christus nahe zubringen, ist nun Aufgabe der Predigt. Im Grunde soll sie damit „Himmelsbrot“ zur Ernährung der Seelen weitergeben.

Das soll auch Aufgabe dieser hier vorgelegten Predigten sein, weshalb „Himmelsbrot“ als Titel und Motto für diesen, meinen vierzehnten Predigtband gewählt wurde. In ihm sind nun sechzehn Predigten aus den letzten Jahren zusammengetragen. Dabei ist der Wortlaut des jeweilig auszulegenden Gotteswortes der Predigt wieder in voller Länge vorangestellt.

Mögen nun diese Predigten den Seelen vieler Menschen eine „himmlische Stärkung“ sein. So segne unser Gott den Weg und die Arbeit dieser Predigten!

Sparrieshoop, im Frühjahr 2011 *Andreas Pawlas*

I. ADVENT UND WEIHNACHTEN

Predigt über Jer 23,5-8
am 1. Advent [1]

Siehe, es kommt die Zeit, spricht der HERR, dass ich dem David einen gerechten Spross erwecken will. Der soll ein König sein, der wohl regieren und Recht und Gerechtigkeit im Lande üben wird. Zu seiner Zeit soll Juda geholfen werden und Israel sicher wohnen. Und dies wird sein Name sein, mit dem man ihn nennen wird: »Der HERR unsere Gerechtigkeit«. Darum siehe, es wird die Zeit kommen, spricht der HERR, dass man nicht mehr sagen wird: »So wahr der HERR lebt, der die Israeliten aus Ägyptenland geführt hat!«, sondern: »So wahr der HERR lebt, der die Nachkommen des Hauses Israel herausgeführt und hergebracht hat aus dem Lande des Nordens und aus allen Landen, wohin er sie verstoßen hatte.« Und sie sollen in ihrem Lande wohnen.

Liebe Gemeinde!

Wie häufig haben wir schon in unserem Leben so etwas gehört wie diese Prophezeiung Jeremias „Siehe, es kommt die Zeit!“. Und genau deshalb mag mancher sicherlich nichts mehr hören, was ***so*** oder so ähnlich klingt wie das „Siehe, es kommt die Zeit!“. Genau deshalb mag wohl mancher auch alle diese Konjunktur- und Wachstumsprognosen nicht mehr hören, diese Prophezeiungen blühender Landschaften oder auch diese Ansagen vom Wohlstand für alle oder vom unausweichlichen Hereinbrechen des sozialistischen Paradieses. Vielleicht aber war die Prophezeiung vom Kommen eines ***tausendjährigen*** nationalsozialistischen Reiches und dann der Zusammenbruch genau dieses Reiches besonders ***makaber*** und hat am Ende bewirkt, dass sich viele Ohren für Prophezeiungen einfach ***taub*** stellen.

Und dennoch scheint es nun einmal auf dieser Welt so zu sein, dass sich jeder, der Wahlen und Macht gewinnen will, der Sprache der Hoffnung bedienen muss: „Siehe, es kommt die Zeit“. Und möglicherweise ist selbst dieser jüngste Wahlschlachtruf: „Yes, we can!“ irgendwie zu dieser Sprache zuzurechnen.

Und benutzt nicht selbst die ***Werbung*** ganz gezielt die Sprache der Hoffnung, nein, die Sprache angeblicher Gewissheit? Denn wenn man das angepriesene Wundermittel nur lange genug einnimmt, dann ***wird*** alles gut und wunderbar werden. „Siehe, es kommt die Zeit“. Allerdings ist uns da als erfahrenen Verbrauchern nur zu gut bewusst, dass uns als Kunden mit solchen Ankündigungen das Geld um so ***leichter*** aus der Tasche gezogen werden soll. Darum kann ich es ja auch gut verstehen, wenn man heutzutage so etwas nicht mehr hören mag, wie das „Siehe, es kommt die Zeit!“.

Wenn aus diesem Grunde heutzutage selbst der erste Satz unseres Bibelwortes Schwierigkeiten hat, offene Ohren zu finden, was sollte sodann dabei die darauf folgende Erinnerung daran helfen, dass früher einmal das Alte Gottesvolk aus Ägyptenland geführt worden ist, und dass der König David dann etwas später die große ***Führungsgestalt*** war. Denn – so kann man hören - wen wollten schon solche angeblich inner-israelische Geschichten interessieren? Und überhaupt, was sollten ***wir*** heutzutage mit den Menschen von ***damals*** zu tun haben?

Und außerdem: Wenn da in unserem Bibelwort weiter ein Herrscher angekündigt wird, der angeblich ***wohl regieren*** soll und Recht und Gerechtigkeit im Lande üben will, so muss das auch nicht ansprechend sein. Warum? ***Weil das doch alle sagen***! Ja, wenn es ums Herrschen geht, dann wird eben viel gesagt. Denn das hat eben mit Politik zu tun. Und Politik als Kunst des Möglichen ist doch nur das Resultat von Machtverhältnissen und Ergebnis irgendwelcher Kompromisse. Und wie sollten so ausgehandelte Ergebnisse mit allem auch von uns ersehnten ***Recht*** und mit ***Gerechtigkeit*** zu tun haben können?

Es könnte hier vielleicht einer der Gründe anklingen, weshalb in Deutschland eine ganz starke Partei die Partei der ***Nichtwähler*** ist, weshalb hier in Deutschland so viele Menschen einfach die ***Nase voll*** haben, und der Politik ***gar nichts mehr*** glauben, weshalb hier in Deutschland so viele Menschen keine Perspektive mehr sehen und sich abwenden, abtauchen und verkriechen, oder ihre Sehnsucht und ihren Kummer in ***Alkohol*** oder anderen ***Drogen*** ertränken. Und damit gibt es eigentlich ***keine faire Chance*** mehr dafür, dass uns so eine alte Prophezeiung „Siehe, es kommt die Zeit" auch nur ***irgendwie*** erreichen könnte.

Aber warum ist nun überhaupt ***um Himmels willen*** so eine Prophezeiung als Heiliges Wort, als Wort Gottes, ***festgehalten*** worden und zur Überlieferung bis in unsere ***heutigen*** Tage bestimmt worden? Gab es denn damals etwa ***nicht*** soviel Sehnsucht und Kummer, ***nicht*** soviel Missmut und Hoffnungslosigkeit, dass man sich leicht verleiten ließ, auf solche Hoffnung zu schauen?

Aber völlig im ***Gegenteil***! Denn es war damals kaum zum ***Aushalten***. Warum? Weil das Land damals völlig ***verwüstet*** war. Und von denen, die den schlimmen ***Krieg*** überlebt hatten, waren die meisten Leute von den babylonischen Besatzern verschleppt worden ins ferne Babylon, zu ***Fron*** und elender ***Zwangsarbeit***. Und da gab es wirklich ***keinerlei*** Hoffnung, jemals die Heimat wieder zu sehen. Alle Prophezeiung war da ***völlig unrealistisch***. Ja, das war ***wirklich*** Hoffnungslosigkeit. Und da hätte man ***wirklich*** keinen Sinn gehabt für solche bei uns ***heute*** in den Medien aufgeregt diskutierte Frage nach einer Rente mit 67 oder wer wohl bei „Deutschland sucht den Superstar" gewinnt.

Halt! Jetzt nicht zu schnell so tun, als gäbe es hier in Deutschland nicht genügend ***ernste*** Probleme. Und da tut es mir weh zu hören, wie mancher, der hier bei uns vor wenigen Jahren konfirmiert worden ist, auch ***nach hundert Bewerbungen*** noch keine Lehrstelle gefunden hat. Und da tut es mir weh zu hören, wie mancher ***trotz fleißiger Arbeit***, kaum genügend Geld hat, die Familie zu ernähren. Und wenn wir auf die aktuellen Terrorwarnungen des Bundesinnenministers hören, so hat die ***Bedrohung*** unserer ***Lebenswelt*** durch Terroranschläge nach der Katastrophe vom 11. September 2001 nicht an Bedeutung verloren.

Um so ***eindringlicher*** werden wir aber angesichts dieser Situation gerufen, Klarheit zu gewinnen darüber, was es denn ***ist***, das uns wirklich eröffnen kann, „in dem Lande zu wohnen", was es denn ***ist***, dass es uns ***wirklich*** gut geht an Leib und Seele, was es denn ***ist***, was wir neben Nahrung und Behausung brauchen, um in Lebensfülle im Lande zu wohnen?

Nein, gewiss kann es nicht wie damals darum gehen, dass wir aus einem Land der Gefangenschaft herausgeführt und -gebracht werden müssten. Und dennoch müssen wir hier in unserem Lande Klarheit gewinnen darüber, wie es eben ***sein soll***, damit man ***in Lebensfülle*** in unserem Lande wohnen kann. Natürlich gehören Nahrung und Behausung dazu, Aber es ist doch offenkundig und muss nicht prophezeit werden, dass ***wahre*** Erfüllung unseres Lebens das alles ***übersteigen*** muss, was uns an Essen und Trinken, an Kleidung und Bruttosozialprodukt zukommen kann. Diese elementaren Grundbedürfnisse hat jedes Tier, machen aber noch keinen Menschen aus. Ebenso ist es offenkundig und muss nicht prophezeit werden, dass ***wahre*** Erfüllung unseres Lebens, wahres ***Suchen*** und ***Finden*** doch auch das alles ***übersteigen*** muss, was wir an Gerechtigkeit und Kompromiss in unserer Gesellschaft und auf der ganzen Welt erreichen können. Ja, es ist gewissermaßen eine bittere Erfahrung, dass unsere Sehnsucht so ***viel größer*** ist, als alles unter uns Menschen ***Machbare***. Darum ***um Himmels willen*** noch ***einmal*** gefragt: wenn nun alle Prophezeiungen und Utopien heutzutage abgewirtschaftet haben, ***wieso*** soll das dann mit dieser Prophezeiung des Jeremia ***anders*** sein?

Doch weil sie auf ***Jesus Christus*** hinweist und ihn ankündigt, auf ***Jesus Christus***, auf den wir uns in der Adventszeit ausrichten und auf seine Ankunft hoffen, auf seine Ankunft dann nicht nur im Stall von Bethlehem, sondern auf seine Ankunft in unseren ***Herzen***, so dass wir ***ihn*** und die ***Befreiung***, die von ihm ausgeht, wirklich begreifen können.

Aber damit kommen wir auf anderem Wege wieder genau zu dem wunden Punkt. Denn wer sollte das wirklich ***begreifen*** können - damals genauso wie heute -, was denn Adventshoffnung und -prophezeiung mit unseren ***konkreten Alltagsproblemen*** und zehrenden ***Alltagssehnsüchten*** zu tun hat, und mit dem, was uns ***unmittelbar*** bewegt und beschäftigt? Immerhin tritt Jesus von Nazareth doch gar nicht als gewiefter Politiker auf. Er präsentiert sich doch gar nicht als der ***starke Mann***, der dynamisch und mit wenigen machtvollen Aktionen alle Probleme ***löst*** und ein mächtiges Weltreich aufrichtet, in dem ein auserwähltes Volk dann über alle anderen Völker herrscht.

Eher ist es völlig ***grotesk***, dass er auf einem ***Esel*** in Jerusalem einreitet, auf diesem Lasttier des kleinen Mannes. Und dass er damit auf alle Zeichen politischer Macht und Herrschaft ***verzichtet***. Aber damit kann er doch ***garantiert nicht*** unsere hochgespannten Erwartungen erfüllen! ***So*** hat man doch ***damals*** nicht gehofft, und so hoffen wir doch ***heute*** nicht. Denn das ***reicht*** doch einfach alles nicht, um Misswirtschaft und Perspektivlosigkeit zu beenden und die Menschen neu auszurichten! Das ***reicht*** doch alles nicht, um alle Gekränkten und Verstoßenen zu ***heilen*** und wieder ***aufzunehmen***. Denn dazu ist doch ***viel***, ***viel Geld*** und noch mehr handgreifliche ***Macht*** nötig, denn sonst ist doch gegen das Elend in unserer Welt ***nichts auszurichten.***

Oder doch? Und wir haben vielleicht nur ***falsch*** gehofft und ***falsch*** gedacht und ***falsch*** geglaubt? Und es ist gerade Sinn der Adventszeit, ***umzudenken***, ***umzufühlen***, ***anders*** zu leben? Nein, in der Tiefe unseres Herzens wissen wir es, dass es letztlich gar nicht unser ***Geld*** ist, das uns unser Leben in seiner Tiefe wirklich erfüllen kann, sondern eigentlich die Erfahrung von ***Liebe*** und ***Geborgenheit***, ***Freude*** und ***Dankbarkeit***. Und genauso wissen wir es im Grunde, dass es letztlich gar nicht politische

Macht ist, die uns unser Leben wirklich bewahrt, denn sie ist nur ***begrenzt*** und ***vergänglich***.

Umso mehr sehnen wir uns danach, ***unvergänglich*** und ewig ***gehalten*** zu sein, eben bei dem ***Ewigen***, eben bei ***Gott***. Und ferner wissen wir zumindest um die Erfahrung aller Gottesmänner und –frauen, dass unsere Wirklichkeit ***tatsächlich*** anders wird, wenn man sich von dieser Erfahrung wirklich ***getragen*** fühlt. Wenn man endlich ***ernst*** mit ihr macht, und seine Seele auf Gott hin ausrichtet und sich so nicht mehr völlig von Vergänglichem gefangen nehmen lässt, dann verlieren doch alle auf das Zeitliche ausgerichteten Sehnsüchte und Triebe ihre quälende Macht über uns und dann zieht von allein und ganz ***anders*** Gerechtigkeit und Frieden unter uns ein.

Und das übersteigt dann alle Politik von Leistung und Gegenleistung, weil das, was von Gott herkommt an Ewigkeit, Barmherzigkeit und Gnade, ***größer*** ist als wir es uns denken können. Wenn wir uns endlich darauf besinnen, dass das Entscheidende im Leben im Grunde ***nicht*** erarbeitet werden kann, sondern nur von Gott ***geschenkt*** werden kann, dann werden doch unsere Maßstäbe anders. Wenn uns im Licht der Adventskerzen einleuchtet, dass das Entscheidende im Leben nämlich Liebe und Vertrauen, Freude und Friede für unsere Seele und Gelingen und Vollenden, ***niemals erzwungen*** werden kann, sondern wirklich nur von Gott ***geschenkt*** werden kann, dann kommen wir doch von selbst wieder darauf, das Stillesein und Beten zu lernen und zu üben, um damit Gott von Herzen zu bitten und dann aber auch bereit zu werden, Gottes Wirken an uns zuzulassen.

Wenn wir wahrnehmen, wie die Prophezeiung Jeremias unser ***Herz*** für diese Dimension unseres Lebens öffnen will, dann könnten wir ***doppelt*** froh werden in dieser Adventszeit. Einerseits darüber, dass uns diese Ankündigung „Siehe, es kommt die Zeit“ mit einem Male wie auf einer großen Bühne ***den Vorhang aufzieht***, und wir endlich sehen können, was in unserem Leben ***wirklich*** gespielt wird, worauf es ***wirklich*** ankommt und dass wir von ***Gott*** her für unser Leben das ***Gute*** erwarten dürfen.

Andererseits könnten wir froh werden darüber, dass die prophezeite Zeit schon gekommen ***ist***. Denn wir dürfen doch als ***Christenmenschen*** Advent und Weihnachten feiern. Ja, wir dürfen doch als ***Christenmenschen***, wenn wir uns immer wieder von Sorge und Bedrohung gefangen nehmen lassen, ***trotzdem*** auch immer wieder feiern, dass Christus uns, unsere Gedanken und Gefühle ***herausreißen*** will aus dieser Gefangenschaft und uns die Augen öffnet, wovon wir ***eigentlich*** leben, nämlich von Gottes ***Güte*** und ***Barmherzigkeit***. Diese adventliche Befreiung und Tröstung schenke der ***barmherzige Gott uns allen***.

Amen.

Predigt über Jes 9,5-6 in der Christvesper [2]

Uns ist ein Kind geboren, ein Sohn ist uns gegeben, und die Herrschaft ruht auf seiner Schulter; und er heißt Wunder-Rat, Gott-Held, Ewig-Vater, Friede-Fürst; auf dass seine Herrschaft groß werde und des Friedens kein Ende auf dem Thron Davids und in seinem Königreich, dass er's stärke und stütze durch Recht und Gerechtigkeit von nun an bis in Ewigkeit. Solches wird tun der Eifer des HERRN Zebaoth.

Liebe Gemeinde!

Es ist schon etwas ***Wunderbares*** auf dieser Welt, wenn ein Kind geboren wird. Und gerade die weihnachtliche Zeit macht auch den ***härtesten Charakter*** für eine solche Wahrnehmung empfänglich. Ganz von selbst ***staunen*** wir darüber, wie mit einem Male mit dem neuen Kind auch eine ***neue Welt*** aufgeht, die in vielem anders ist als unsere, und in der die Menschheit sich neu zu bewähren hat.

In dieser Hinsicht könnten wir sicherlich die Begeisterung des Propheten über die von ihm bereits gesehene Geburt eines Kindes gut verstehen. Jedoch, wenn er dann weiter von Herrschaft und Frieden, Recht und Gerechtigkeit redet, die durch das neue Kind erscheinen sollen, dann werden wir doch stutzig. Da kann doch nach unserer Lebenserfahrung Einiges nicht zusammen passen. Wieso nicht? Erinnern wir uns einmal, wie wir es sicherlich schon selbst erlebt haben!

Denn wenn immer wir in das Zimmer eines Neugeborenen treten, dann gehen wir doch ganz behutsam und vorsichtig, um es ja nicht zu erschrecken oder zu stören. Und da will sich bei uns als Erstes und fast von selbst ein ganz bestimmtes Gefühl einstellen. Nein, bestimmt nichts, was mit Herrschaft und Frieden, Recht und Gerechtigkeit zu tun hat. Sondern, was sich zuerst in uns regt, wenn wir zu einem Neugeborenen kommen, und seine ***Hilflosigkeit*** und seine ***Ohnmacht*** wahrnehmen und wie es auf uns ***angewiesen*** ist, ist doch das Gefühl, dieses junge Leben ***bewahren*** und ***beschützen*** zu wollen. Und das mit allem Ernst. Ja, das Gefühl, dieses Neugeborene sicherlich genauso zu bewahren und beschützen zu wollen, wie es unsere eigene Seele nötig hat, bewahrt und beschützt zu werden.

Jedoch, wie kommen wir jetzt mit einem Male auf ***solchen*** Gedanken, auf unsere ***eigene*** Seele zu schauen und was sie nötig hat? Aber doch weil ***Weihnachten*** ist. Denn Weihnachten, das heißt ja nicht nur, dass unsere Seele angerührt, bewegt und still ist in froher Anbetung in all dem Schönen und Altvertrauten der Heilige Nacht. Sondern es ist ja auch das Besondere und das Unbegreifliche der Weihnachtszeit, dass hier vor Gottes Angesicht mit einem Male das alles ***weggetan*** ist, womit wir sonst unsere so verletzliche Seele umhüllt und geschützt haben.

Und mit einem Male kommt ganz unverhüllt zu Tage, weshalb bei manchem seine Seele eigentlich Grund hat zu ***weinen***, vor lauter Sorgen oder Schmerzen, vor Hoffnungslosigkeit oder Enttäuschung. Und da kommt es vor, dass so manche dann vor lauter Tränen gar nicht mehr in der Lage sind, die schönen alten Weihnachtslieder mitzusingen, in denen so deutlich von Trost und Erlösung, Heil und Heilung die Rede ist.

Ja, nicht wenige wissen ganz deutlich darum. Und genau deshalb fürchten sie in dieser Bewegung von Himmel und Erde zur Hl. Nacht jede ***eigene*** Gemütsbewegung. Sie fürchten sich in der Hl. Nacht, vor den Schmerzen alter und neuer Wunden, und von ihnen nahezu weggeschwemmt zu werden, und in dieser Welt dann keinen Halt mehr finden zu können. Und darum ist eben manchem durchaus so, als wäre seine eigene Seele ***genauso*** ohnmächtig und hilflos, genauso klein und schutzbedürftig, wie ein neugeborenes Kind.

Jedoch, was kann es denn da geben zum Schutz und zur Hilfe für ein Neugeborenes genauso wie für unsere eigene Seele?

Ja, genau ***das*** ist die Frage, die viele Menschen ***heute*** ebenso bewegt, wie die Menschen ***damals***, als Christus in der Hl. Nacht geboren wurde. Und verständlicherweise wächst da bei vielen ***so sehr*** die Sehnsucht nach dem starken Mann oder der starken Frau, der oder die alles beschützen und heilen kann, der oder die unserer Seele wieder Kraft geben und alles zum Guten wenden kann.

Und weiter ist dabei eins natürlich auch völlig klar: wie sollten wir in solcher Situation noch Kraft in uns haben, junges Leben, also dieses neu geborene Kind im Stall zu Bethlehem, bewahren und beschützen zu können? Nein, da sind wir ***vollkommen überfordert***.

Aber warum – um Himmels willen - jubelt nun der Prophet ***trotzdem*** über das, was er schon als Geschehen der Hl. Nacht nach Gottes Willen hatte sehen dürfen? Warum jubelt der Prophet ***trotzdem*** über die Geburt eines Kindes, was wir vielleicht auch schön finden, was aber uns und unsere verletzliche Seele hoffnungslos überfordert? Wie will er denn das nur begründen?

Der Prophet jubelt deshalb, weil – wie er sagt - das alles der ***Eifer des HERRN Zebaoth*** tun wird. Er jubelt, weil das, was geschieht, nach ***Gottes Willen und Wirken*** geschieht. Nach ***Gottes Willen*** soll es so sein, dass Gott im Stall von Bethlehem menschliche Gestalt annimmt. Und dass darum alles gut werden soll, ob wir es verstehen oder nicht.

Aber ***dennoch, dennoch*** würden wir es so gern verstehen, ***wieso*** denn alles besser werden kann, wenn Gott ***derart*** Mensch geworden ist, dass er hilflos und ärmlich als neugeborenes Kind in der Krippe liegt. Denn wie sollte dadurch auch nur ***irgendetwas*** an unserem Leben und Leiden durch diese Geburt verändert werden können? Zumal für eine Geburt ***fernab*** von allem Großen, Erhabenen und Mächtigen weit weg von den Schaltstellen der Macht, weitab von Funk und Fernsehen und Internet, nach den eisernen Gesetzen unserer Welt ***keinerlei*** Chance für ***irgendeine*** Wirkung besteht, auch nicht für unsere so empfindliche Seele, die offenkundig gerade ***so viel Wirkung*** für ihre Gesundung braucht.

Aber warum könnte es denn nicht ***stimmen***, was in den Weihnachtsliedern immer wieder besungen wird, dass dieses Kind im Stall zu Bethlehem geboren ist, damit es ***uns*** in unserer Hilflosigkeit und Ärmlichkeit, wirklich ganz ***nahe*** sein kann? Und warum könnte es denn nicht ***stimmen***, dass dieses Kind im Stall zu Bethlehem, so hilflos und schutzbedürftig es auch ist, sogar ***noch mehr*** will für uns und unsere Seele, als uns ***nahe*** zu sein?

Was es da noch mehr will? Es will doch sogar an ***unsere Stelle zu treten***, wenn uns vor Schwäche die Sinne schwinden, wenn wir vor Schmerzen nicht mehr denken können oder wenn wir vor Schande und Demütigung nicht mehr aufschauen mögen.

Und das Kind in der Krippe will sogar ***noch*** mehr. Es will sogar für uns ***sterben***. Warum? Doch damit wir erleichtert und dankbar ***leben*** können bis in alle Ewigkeit. ***So und nicht anders*** soll Erlösung auf dieser Welt geschehen für ***dich*** und für ***mich***. Genau ***so*** soll unsere verletzte Seele geheilt werden. Genau ***so*** soll Gottes Herrschaft groß werden und Frieden einziehen und Recht und Gerechtigkeit. Und genau ***so*** ist es vom Propheten verkündet und wird von den jubilierenden Engelchören auf den Feldern von Bethlehem und im Stall um die Krippe mit allen guten Klängen besungen.

Manch einer, der diese unglaubliche Botschaft mit Freude oder vielleicht auch so wie die Hirten mit Verwunderung und Schrecken hört, der öffnete dabei einfach gläubig Augen und Herz in ***Anbetung*** und ***Staunen*** und ist dann gleich unmittelbar ***erfüllt*** mit diesem weihnachtlichen Geheimnis, und mit so viel Dankbarkeit, Freude, Hoffnung.

Und trotzdem rumort da immer wieder die berechtigte Frage aller Nachdenklichen: Wie sollte das denn ***geschehen*** können sollte, dass dieses hilflose Kind in der Krippe das alles für uns ***tun*** kann und wir das auch wirklich mitbekommen?

Nun haben uns das unsere Mütter und Väter im Glauben in den Heiligen Schriften der Christenheit immer wieder mit klugen Worten beschrieben. Und dennoch klingen uns heute biblische Worte vielfach so fremd und so weit weg. Vielleicht ist uns da die persönliche weihnachtliche Erfahrung viel näher. Und vielleicht trauen wir uns ja heute in der Heiligen Nacht und hier vor Gottes Angesicht nicht nur erst unser ***Herz*** zu öffnen, und unsere Seele ***weinen*** zu lassen, sondern vielleicht dann auch den Blick von der Verletzlichkeit der eigenen Seele abzuwenden und genauer auf dieses Kind in der Krippe zu richten.

Allerdings, wenn wir so den Blick auf alle Verletzlichkeit und Zerbrechlichkeit dieses Neugeborenen werfen, wenn wir so ganz deutlich fühlen, wie es wirklich auf ***das*** angewiesen ist, was wir da noch irgendwo bei uns haben an Zuwendung und Liebe und Hilfe, -

entdecken wir da nicht auf einmal, wie sich unser Herz bewegt – ganz von selbst?

Können wir da nicht auf einmal entdecken, wie in dieser ***Bewegung***, diesem Neugeborenen gern zu helfen, ganz von selbst auch unsere Seele ***verändert*** wird?

Ja, egal wie kräftig oder schwach wir sind, wenn unser Herz erst einmal ***so*** angerührt ist durch die Macht der Liebe, die durch das Kind in der Krippe angeregt wird, dann geben wir doch auch Zuwendung, Liebe und Hilfe ***gern*** weiter, ja dann kann es sogar dazu kommen, dass wir in dieser Liebe sogar ganz von selbst an die Stelle ***anderer*** Leidender und zu kurz gekommener treten, so wie das Christuskind an ***unsere*** Stelle tritt. Weil wir merken, wie hier mit einem Male unsere eigene Seele gestärkt und getröstet ist, fällt uns auch leicht ein, was wir selbst ***tun*** können, um andere Menschen zu trösten oder zu stärken zu stützen oder zu speisen.

Nun mag das ja vielleicht gar nicht viel sein, was wir da immer tun können, um so die ganze Welt in diese Weihnachtsbewegung der ***Liebe*** und des ***Friedens*** mit hineinzunehmen. Aber vor Gott gilt auch das ***Geringste***. Vor Gott gelten eben andere Maßstäbe als unter uns Menschen.

Wer darum dieses alles an Leib und Seele erfährt, wenn er sich andächtig in die Nähe des Christuskindes traut, und wie er dann von Gott nicht abgewiesen wird, sondern eingeschlossen in alles Gute und Heilsame, das von diesem Kind ausgeht, eben in die ewige Macht der Liebe, für den ist völlig einleuchtend, dass die Macht der Liebe tatsächlich größer ist als alle andere Macht Erden, dass ***nur sie wahres*** Recht und ***wahre*** Gerechtigkeit bringen kann. Und deshalb gibt der Prophet dem Kind in der Krippe schon die Ehren-Namen „Wunder-Rat, Gott-Held, Ewig-Vater, Friede-Fürst". Mit Recht!

Denn offenkundig kann es keine bessere Botschaft für uns Menschen und unsere verletzlichen Seelen geben! Und deshalb gibt es gute Gründe, mit einstimmen in den weihnachtlichen Jubel der Engel und in die Freude der Hirten, die dann ja auch sofort beginnen, die frohe Botschaft von dieser Macht der göttlichen Liebe weiterzusagen.

Und weiter gilt ***das*** mit ***Sicherheit***: wer diese frohe Botschaft von der Macht der göttlichen Liebe weitersagt und weitergibt, der wird erleben, wie Wunderbares geschieht: für ihn selbst, für seinen Nächsten, für die ganze Welt, jetzt und bis in Ewigkeit. Gott sei Dank!

Amen.

Predigt über Mt 13,24-30
5. Sonntag nach Epiphanias[3]

Jesus legte ihnen ein anderes Gleichnis vor und sprach: Das Himmelreich gleicht einem Menschen, der guten Samen auf seinen Acker säte. Als aber die Leute schliefen, kam sein Feind und säte Unkraut zwischen den Weizen und ging davon. Als nun die Saat wuchs und Frucht brachte, da fand sich auch das Unkraut. Da traten die Knechte zu dem Hausvater und sprachen: Herr, hast du nicht guten Samen auf deinen Acker gesät? Woher hat er denn das Unkraut? Er sprach zu ihnen: Das hat ein Feind getan. Da sprachen die Knechte: Willst du denn, dass wir hingehen und es ausjäten? Er sprach: Nein! damit ihr nicht zugleich den Weizen mit ausrauft, wenn ihr das Unkraut ausjätet. Lasst beides miteinander wachsen bis zur Ernte; und um die Erntezeit will ich zu den Schnittern sagen: Sammelt zuerst das Unkraut und bindet es in Bündel, damit man es verbrenne; aber den Weizen sammelt mir in meine Scheune.

Liebe Gemeinde!

In unserem Leben da wollen wir doch möglichst Klarheit haben. Wir wollen deutlich wissen, wo wir stehen. Und wir ***wollen*** und ***müssen*** auch gut und böse unterscheiden.

Was wir damit meinen? Doch meist halten wir ***die*** für die Guten, die ***für*** uns sind. Und die, die ***gegen*** uns sind, das sind die Bösen, mit denen wir nichts zu tun haben wollen. Irgendwie denken auch die Knechte in unserem Gleichnis so, als sie entdecken, dass sich Unkraut unter der guten Saat breit zu machen begann. Und das ist doch auch völlig vernünftig, umgehend das Unkraut auszureißen. Wieso?

Das kennt doch jeder unter uns, der einen eigenen Garten hat: Wenn erst einmal Unkraut da ist, dann wuchert es und wuchert es und wuchert überraschenderweise immer stärker als die Nutzpflanzen, die Blumen und der Weizen. Und das scheint nicht nur in unseren Gärten, sondern sogar generell so zu sein. Und zu solcher Wachstumskraft des Unkrauts konnte ich gerade etwas über die Disteln in Australien lesen: Denn offenbar hatte es damals dort, als die Engländer Australien in Besitz nahmen, keine Disteln gegeben. Nun wollte aber ein Schotte gern seine schottische Nationalpflanze dort sehen und da ließ er aus seiner Heimat ein paar Distelsamen kommen. Er besäte damit ein kleines Stückchen Gartenland. Aber dann trug der Wind den Samen weit fort. Und darum gibt es heute in ganz Australien zahllose Disteln - zum großen Ärger aller Landwirte.

Aber schauen wir jetzt noch einmal zum Unkraut vor unserer eigenen Haustür, wo zu befürchten ist, dass es mit Macht den guten Weizen erstickt. Und da wäre es doch nicht nur gegen jede wirtschaftliche Vernunft sondern auch nicht zu verantworten, so etwas weiter zu dulden. Denn, besinnen wir uns: Nur, weil wir heutzutage gleich und schnell das Unkraut auf dem Acker auf chemische Weise „ausjäten" und abtöten, können doch so hohe Erträge erzielt werden, die wir für das Leben so vieler Menschen auf der Welt brauchen. Ja, wir würden heutzutage viel einbüßen an Ernteerträgen, wenn wir das Unkraut auf unseren Feldern ***mit*** wachsen lassen würden, wenn wir dem Unkraut auf unseren Feldern ***mit*** Raum geben würden! Die Knechte in unserem Gleichnis haben also wirklich ***gute Argumente***.

Und diese guten Argumente gelten offenbar nicht nur für die Landwirtschaft, sondern genau so für unser ***menschliches Leben*** als Ganzes: Denn was würden wir einbüßen an Lebenserträgen, wenn wir dem Unkraut auf den Feldern unseres Lebens ***mit*** Raum geben würden! Denn das Böse behindert unser Wachstum, der Böse drückt und behindert mich, macht alles schlimm für einen und ist Schuld an vielem, was unser Leben beeinträchtigt. Wer kommt da nicht auf den Gedanken, das Böse und die Bösen irgendwie auszurotten. Denn dann, ja dann wäre Frieden.

Und wenn man so alles Böse beseitigt hätte, dann könnte man doch ungehindert seine Früchte und Erfolge genießen. Dann wäre man doch zusammen eine harmonische, erfolgreiche und selbstbewusste Gemeinschaft. Eine Gemeinschaft der Guten, der Reinen, der Untadeligen. Und die hätte dann eben auch das Recht und die Pflicht, das Böse zu benennen und zu richten, hart, unbarmherzig, radikal. Denn wehe, wenn man das Böse erst an sich herankommen lässt. Ja, so die guten Argumente der Knechte in unserem Gleichnis.

Und dennoch lässt Jesus den Hausvater in unserem Gleichnis diesen guten Argumenten nicht folgen. Warum? Doch weil das hier ja ein Gleichnis für das Himmelreich sein soll.

Aber zählt etwa im Himmelreich nicht mehr das gute Argument und die zwingende Logik? Oder geht es um etwas ganz anderes? Denn vielleicht ist das gar nicht so einfach mit dem Guten und den Bösen, und dass das Böse dort in meinem Feind ist und ich hier mit allem Guten. Vielleicht bin ich ja gar nicht immer in der Lage, ein Gewächs als Unkraut zu erkennen.

Und dazu jetzt ein erster Wechsel der Perspektive mit der Frage, was das denn eigentlich ist, was da in dem Gleichnis als „Unkraut“ bezeichnet wird: Und da sagen ja manche heute, dass man das Wort „Unkraut“ gar nicht mehr benutzen dürfe. Man müsse besser sagen „***Wildkräuter***“. Und mancher Apotheker weiß, dass das vielleicht sogar Heilkräuter sind. Aber wenn man so diese ganzen Kräuter neu würdigt hat, wieso hätten dann diese „Wildkräuter“ weniger Recht auf dem Acker zu wachsen als mein Saatgut?

Und dazu erinnerte sich ja eine Frau beim unserem letzten Bibelkreis an ein Gedicht von einem Bauern, der voller Verzweiflung vor seinem von Unkraut durchwucherten Acker stand, wo dann aber plötzlich sein kleiner Sohn aus dem Feld herübergelaufen kam mit einem Strauß voller „Wildkräuter“, nämlich voller schönster Mohnblumen und Kornblumen und dann dem Vater zuruft: „Schau, lieber Vater dieser Pracht, das alles uns Gott gemacht.“

Diese Pracht ist also auf meinem Acker gewachsen. Ich habe sie nicht ausgesät. Und es stört mich, dass sie meine Ernte schlecht macht. Aber dennoch ist da etwas in ganz anderer Weise schön und ansprechend, das Bedeutung, Wert und Sinn hat, aber eben nur für andere. Aber kann das deshalb das ***Böse*** sein, das ich ausrotten müsste? Oder muss ich hier vorsichtiger sein? Muss ich deshalb vorsichtiger sein, weil ich nicht gut genug wissen kann, was ***letztlich*** gut und ***letztlich*** böse ist?

Nun lassen Sie uns aber ein zweites Mal die Perspektive wechseln und dabei etwas über das Bild vom Unkraut in unserem Gleichnis hinausgehen: Und dazu gehört nun einmal die Frage, ob ich denn das Böse immer nur beim ***Anderen*** sehen muss. Müsste es nicht vielmehr erschrecken, wenn man in aller Wahrhaftigkeit auf sein Leben schaut, und wenn man dann Dunkles in einem selbst entdecken muss? Und das wissen wir doch, was da für dunkle Gedanken und Gefühle manchmal im Kopf und Herzen eines Menschen herum spuken können – auch in mir selbst.

Nun haben wir zweimal die Perspektive gewechselt und trotzdem ist eine Frage noch nicht gelöst: Wenn ich als Landwirt nicht aus Lust und Laune das Feld bestelle, sondern um das wichtige Lebensmittel Weizen anzubauen und zu ernten, und wenn ich vielleicht damit rechnen muss, dass andere und ich möglicherweise hungern müssen, wenn die Ernte nicht gelingt, dann bekommt die Frage nach dem Unkraut im Weizen noch eine besondere ***Eindringlichkeit***, so nett und schön auch alle Mohnblumen und Kornblumen auch sein mögen. Und deshalb mag für unsere heutige Landwirtschaft sorgfältiges und zügiges Unkrautbeseitigen geboten sein.

Aber muss das auch für unser gesellschaftliche Leben gelten? Für viele war immer auch hier ganz klar, dass man wirklich das Böse ausrotten muss, und zwar gleich und mit Stumpf und Stil, weil sonst alle zusammen untergehen würden, selbst wenn Unkraut zusammen mit Weizen ausgerissen würde. Und unsere jüngere Geschichte ist voll von Beispielen, wie Fanatiker aller Glaubensrichtungen daran gegangen sind, alles das, was sie als böse erkannt hätten, auszurotten. Alles was ihnen hässlich, krank, feindlich, böse war, das musste eben beseitigt werden, damit dann allein das blieb, was ihnen schön und gut schien. Das Schlechte muss eben weg, damit das Gute leben kann. So haben etwa fanatische Nationalsozialisten, Kommunisten oder Islamisten ihr übles Werk begonnen. Aber vor solcher Radikalität warnt in unserem Gleichnis der Hausvater. Und unser Gott bewahre uns vor solchem Fanatismus.

Jedoch damit soll keinesfalls einer Beliebigkeit das Wort geredet werden. Nein, wir kommen in unserem Leben nicht darum herum, Urteile zu fällen und Grenzen zu setzen, aber die Vernichtung, die steht mir nicht zu. Gewiss müssen auf dieser Welt Urteile gefällt werden, aber sie sind alle vorläufig, denn das letzte Urteil spricht Gott. Gewiss muss ich mit Menschen ringen, deren Weg verfehlt ist und die andere verführen, aber es muss und darf in ***Liebe*** und ***Gelassenheit*** geschehen.

Warum das in Liebe und Gelassenheit geschehen darf? Doch weil ***Glaube***, ***Liebe***, ***Hoffnung*** das Entscheidende im Leben sind. Und Glaube, das heißt eben nicht nur eben einmal etwas für wahr halten. Sondern Glaube heißt, von Gott alles Gute zu erwarten und Gott alles Gute zuzutrauen.

Aber Glaube heißt ***noch mehr***. Glaube heißt sogar, wenn ich in mir Böses entdecke, und es mir so leid ist, dass Gott sogar Böses in Gutes umwandeln kann, dass Gott sogar Unkraut in Weizen umwandeln kann. Denn so ist doch immer die christliche Gemeinde in böser Verfolgung am stärksten gewachsen. Oder der übelste Verfolger der Christen wurde ihr herausragender Apostel, denn aus Saulus wurde Paulus. Und so kann auch, was uns in unserer Seele übel bedrückt, uns wieder zu heilsamen Gebet und zur Besinnung auf Heilung durch Gott führen.

Also keinesfalls gleich alles verurteilen, ausreißen und vernichten! Also wirklich warten bis ans Ende! Also wirklich warten bis darauf, dass Gott alles ***vollendet***, und seiner Bestimmung zuführt und darum auch Dich und mich vollendet so dass am Ende aller Zeiten ein großes Erntedenkfest gefeiert werden kann, zusammen mit dem großzügigen und barmherzigen Gott, auf dessen Barmherzigkeit wir alle uns verlassen dürfen, wir Junge und wir Alte. Und von jetzt und bis in alle Ewigkeit.

Amen.

Predigt über 2. Pt 1, 16-19 am letzten Sonntag nach Epiphanias[4]

Wir sind nicht ausgeklügelten Fabeln gefolgt, als wir euch kundgetan haben die Kraft und das Kommen unseres Herrn Jesus Christus; sondern wir haben seine Herrlichkeit selber gesehen. Denn er empfing von Gott, dem Vater, Ehre und Preis durch eine Stimme, die zu ihm kam von der großen Herrlichkeit: Dies ist mein lieber Sohn, an dem ich Wohlgefallen habe. Und diese Stimme haben wir gehört vom Himmel kommen, als wir mit ihm waren auf dem heiligen Berge. Um so fester haben wir das prophetische Wort, und ihr tut gut daran, dass ihr darauf achtet als auf ein Licht, das da scheint an einem dunklen Ort, bis der Tag anbreche und der Morgenstern aufgehe in euren Herzen.

Liebe Gemeinde!

Was schreibt uns da der Hl. Apostel Petrus! Gottes unbegreifliche und umwerfende Macht und Herrlichkeit ist ihm in Christus erschienen. Mit ***eigenen*** Augen hat er damals alles gesehen. Und mit ***eigenen*** Ohren hat er damals gehört, wie Gott zu Jesus gesagt hat: „Dies ist mein lieber Sohn, an dem ich Wohlgefallen habe". So eine Gottesbegegnung ist einfach ***sensationell*** und ***unglaublich*** und bringt einen bis in den ***siebten Himmel***.

Insofern ist das richtig ***beneidenswert,*** was da dem Hl. Apostel Petrus passiert. Und was bleibt da ***uns***, als Nachgeborenen nur übrig? Bleibt uns da etwa nur, neidisch zu sein und uns einfach zu ***kurz*** gekommen zu fühlen? Und vor allem bleibt uns da, wenn wir das wirklich Wunderbare und unglaublich Mitreißende ***nicht*** haben erleben dürfen, doch nur übrig, irgendwelchen ausgeklügelten Fabeln, also Erzählungen oder Phantasien zu folgen? Und da ist gegenwärtig eine ganze Menge auf dem Markt! ***Überall*** will man uns heutzutage ausgedachte Fabeln und Märchen erzählen, Musik- und Werbespots, Phantasien oder will uns selbst ausgedachte Konzepte, Pläne, Programme aufzwingen. Warum? Nein, nicht unbedingt aus Bosheit, aber häufig etwa, um uns unser Geld aus der Tasche zu ziehen. Und da werden Fabeln oder Märchen nicht nur von der Großmutter hinterm Ofen erzählt, sondern da kommen die ***Bilder*** dazu. Und so erzählen heutzutage Film und Fernsehen die Fabeln der Neuzeit.

Und ganz neu sind dabei die modernen Märchen, wie sie die Computertechnik heute erzählt. Denn da kann man diese modernen Fabeln, als selbst ausgedachte und bunt, lustig oder graulich ausgestalteten Spiele nicht nur hören und sehen, sondern sogar ***mitmachen*** und ***mitbestimmen, interaktiv!*** Es gibt heute also eine ***Menge*** raffiniert ausgeklügelter Fabeln, die uns spannend in Geschichten von Kraft und Herrlichkeit hinein nehmen wollen und das alles auf PC oder Spiel-Konsole.

Liebe Gemeinde, so, das ist die gegenwärtige Situation, die sich der Hl. Apostel Petrus sicherlich niemals hätte träumen lassen - oder vielleicht doch? Lassen Sie uns dazu einmal kurz, um einen Hintergrund zu begreifen, auf ein anderes Lebensgebiet schauen und zwar auf das Gebiet der Musik: Denn warum gehen die Leute eigentlich noch immer in ein Konzert ob nun klassisch oder rock? Die ganze Musik könnte man eigentlich doch von der CD oder dem mp3-player viel gemütlicher zu Hause im Wohnzimmer oder sogar im Bett liegend hören. Und dabei ist der Klang, bestimmt ***perfekter*** als im Konzert. Denn im Konzert da knistert irgendein Nachbar doch immer mit Bonbonpapier oder hustet gar und stört damit den Musikgenuss. Von daher gibt es doch in der heutigen Zeit wirklich ***keinen*** vernünftigen Grund ein Konzert zu besuchen.

Aber was tun die Leute? Sie tun es trotzdem. Warum? Weil es eben „***life***“ ist, wie man heute sagt, weil es ***lebendig*** und ***wirklich*** ist, weil es ***original*** und ***miterlebt*** ist. Es ist also ein ***großer*** Unterschied, den man auch bei jedem Konzert ***teuer*** bezahlt. Deshalb gibt es da auf der einen Seite nur ein Mitschnitt, eine Tonkonserve, also etwas ***künstlich*** Konserviertes und damit eigentlich ***Unwirkliches***. Und da gibt es auf der anderen Seite das ***unmittelbare*** Leben und unsere ***selbst erlebte Wirklichkeit***.

Was für ein harmloses Beispiel für den Unterschied zwischen Künstlichem und Lebendigem, zwischen ausgedachtem Unwirklichen und ***selbst erfahrener*** Wirklichkeit.

Wie viel bewegender ist es jedoch z.B. bei ***Unfällen***. Vielleicht erinnert sich der eine oder andere noch an ein Schiffsunglück, nämlich an den Untergang der Estonia vor 16 Jahren. Und ähnliche schreckliche Ereignisse, bekommen wir ja laufend in den Nachrichten serviert. Aber neulich konnte ich ganz konkret hören, wie der Mitarbeiter eines Bekannten, der den Estonia-Untergang überlebte, seitdem genau diesen Tag jährlich als neuen Geburtstag feiert. Mir wurde da ganz deutlich, wie sehr selbst Erlebtes den Eindruck künstlich gemachter Bilder ***völlig übersteigt***, und das eigene Leben ***absolut verwandelt***.

Und mir scheint, dass Petrus genau ***diesen*** Unterschied zwischen unmittelbar ***selbst Erfahrenem*** und irgendwelchen klugen oder platten ***Phantasien*** herausstreicht und auch herausstreichen ***muss.*** Denn ***so***, wie etwa das Opfer eines Schiffsunterganges im ***negativen*** Sinne noch unter dem Schock, der Wucht, dem Trauma des Unfalls steht, so steht Petrus doch im ***positiven Sinne*** noch vollkommen im Banne dessen, was er mit ***Jesus*** erlebt hatte und was er immer noch weiter im Glauben an ihn ***erlebt***! So weiß Petrus nur zu genau den ***Unterschied*** zwischen der Lebenswelt Gottes, die ihn im Glauben angerührt hat und weiter leitet, und irgendwelchen ***ausgedachten*** Fabeln, Phantasien oder menschlichen Programmen.

Und geht es denn da nicht uns als Nachgeborenen mit unserer Glaubenserfahrung ***genauso***? Kann denn derjenige, der auch nur ein ***einziges*** Mal in seinem Leben erfahren hat, wie im ***Glauben*** die Welt anders wurde, kann derjenige denn überhaupt noch von Fabeln, Phantasien oder raffinierten Gedankenspielen ***beeindruckt*** werden? Kann derjenige, der auch nur ein einziges Mal in Todesangst gewagt hatte, oder im Ertrinken gewagt hatte, sein Leben von ***ganzem Herzen*** allein Jesus Christus anzuvertrauen und der dann erleben durfte, wie nicht nur die Angst wich, sondern diese ruhige, starke ***Gelassenheit*** des ***Glaubens*** in ihn einzog, die ihn mutig machte zum

Leben oder Sterben, so als hätte man schon die Herrlichkeit Gottes selber gesehen, kann denn derjenige ***jemals*** noch in seinem Leben durch Fabeln, Phantasien oder raffinierte Gedankenspiele wesentlich beeindruckt werden? Wer die ***Macht*** und die ***Kraft*** des lebendigen Vertrauens in Jesus Christus auch nur ein ***einziges*** Mal erfahren hat, der weiß hier genau zu unterscheiden.

Also noch einmal: Nichts gegen die Erzählkunst, gegen die Fabulierkunst, gegen kluge und faszinierende Gedanken, Konzepte und Programme. Ich denke, solange wir auf diese Welt leben, werden wir immer mit ihnen zu tun haben. Aber ***die Macht***, die mein Leben ***bestimmt***, die muss doch „***life***" sein. Die ***Kraft***, die mein Leben bestimmt, die ***muss*** doch lebendig aus ganz anderen Tiefen kommen, und ***kommt*** auch lebendig aus ganz anderen Tiefen! Das bezeugt uns glaubhaft der Hl. Apostel und unsere Mütter und Väter im Glauben!

Jedoch was ist nun, wenn ich das bisher in meinem Leben noch nicht habe erfahren dürfen? Wenn ich bisher in meinem Leben noch nicht den Unterschied zwischen ***Künstlichem***, von Menschen Ausgedachten und Gottes ***kraftvoller*** Wirklichkeit habe erleben dürfen?

Aber, liebe Gemeinde, ich kann mir gar nicht vorstellen, dass es das letztlich gibt. Denn mir scheint, dass letztlich, alles ***Echte*** und ***Wahre*** von ***Gott*** herkommt, und dass letztlich alles Echte und alle Wahrheit irgendwie mit ***Gottes Wirken*** zu tun hat, und dass man das auch verspüren kann. Mir scheint auch, dass diese echte und wahre Wirklichkeit z.B. überall dort durchschimmert, wo ***echt*** und ***wahr geliebt*** und ***vertraut*** wird. Ich sehe immer solche echte und wahre Wirklichkeit überall dort aufblitzen, wo z.B. zuverlässig und wahrhaftig im ***Beruf gearbeitet*** wird, selbst dort, wo es nicht kontrolliert werden kann. Und generell, wenn Beruf und Wirtschaft nicht mit „einander übers Ohr hauen" zu tun haben sollte, müsste man dann nicht dort irgendwie etwas verspüren vom ***Echten***, ***Wahren*** und ***Wirklichen***, das von ***Gott*** herkommt?

Aber hier ist nicht nur an den Beruf zu denken. Denn erfahren nicht so manche ***unvergesslich*** den Unterschied zwischen Künstlichem, von Menschen Ausgedachten und dem Echten, Wahren und Wirklichen, das von ***Gott*** herkommt, wenn etwa der junge Vater zwar schon ***tausendmal*** von Kindern und der Geburt ***gelesen***, und ***Filme*** gesehen hat, aber wie dann mit einem Mal im Kreißsaal alles unbeschreiblich anders wird, wenn er das ***eigene Kind*** im Arm halten darf, und ihn damit das heilige Wunder des Lebens anrührt, und wie dann ganz von selbst die Tränen fließen und der Dank an Gott aus der Seele quillt.

Allerdings muss ich jetzt auch an Euch Konfirmanden denken, die Ihr doch nach den Ordnungen unseres Konfirmandenunterrichtes z.B. das ***Glaubensbekenntnis*** auswendig lernen müsst. Aber da gilt doch auch: Ich kann es doch tausendmal aufsagen, das „Ich glaube an Gott, denn allmächtigen Vater", und es muss wie ***Künstliches***, ***Selbstgemachtes***, ***Selbstausgedachtes*** und ***Angelerntes*** klingen, wenn mir in meinem eigenem Leben weder etwas aufgegangen ist von Gottes kraftvoller Wirksamkeit noch von Gottes väterlicher Liebe und Bewahrung.

Aber sollte man deshalb gerade Euch jungen Menschen alles das ***wünschen*** an Lebenskrisen oder Krankheiten, Schmerzen oder Erniedrigungen oder Flucht und Verfolgung, die doch viele von uns Älteren durchgemacht haben, und in diesen Nöten erst lebendig und kraftvoll erfahren haben, wie der Glaube an Jesus Christus in aller Wirklichkeit ***trägt*** und ***hilft*** und ***tröstet***? Sollte man jungen Menschen das alles wünschen, damit sie zu einem lebendigen Glauben finden, damit sie endlich angerührt werden von der ***Kraft*** und Wirksamkeit unseres Gottes? Niemals!

Aber offenbar weiß Petrus um diese Frage. Offenbar weiß der Apostel darum, dass da so mancher ist, der so unmittelbar noch nicht erfahren hat, wie Gottes Handeln Leib und Seele wirklich anrührt und verändert, und darum irgendwie noch im Dunkeln stehen. Aber darum sagt er ja, ***was*** das für ein Licht ist, auf das wir Acht haben sollen bis zum Kommen unseres Herrn Jesus Christus und das da scheint an einem dunklen Ort, bis der Tag anbreche und der Morgenstern aufgehe in unseren Herzen. Es ist das ***prophetische*** Wort, das kraftvolle ***Wort Gottes***, das lebendige ***Zeugnis*** des Glaubens, das uns alle unsere Mütter und Väter im Glauben bezeugen und auf das hin sie gelebt haben und gestorben sind.

Und dabei ist ***tröstlich*** und ***befreiend***, dass Gottes Wort und seine Wirksamkeit viel größer ist, als alles was wir begreifen können. Offenbar kommt es dabei gar nicht so sehr darauf an, dass ***wir*** Gottes Wort begreifen, sondern dass ***uns*** Gottes Wort und seine Wirklichkeit ***ergreift*** und ***führt***. Vielleicht durchaus so, wie es in dem bekannten Choral heißt: „Wenn ich auch gleich nichts fühle von deiner Macht, du führst mich doch zum Ziele auch durch die Nacht: so nimm denn meine Hände und führe mich bis an mein selig Ende und ewiglich!"

Nein, wir brauchen uns die Nacht ***nicht*** zu wünschen, um endlich zu erfahren, wie Gottes Wort ***leuchtet*** und seine Kraft uns ***trägt***. Aber zu wünschen und zu ersehnen, dass Gottes Wort uns ***schon jetzt*** erleuchtet und unser Herz schon jetzt wunderbar licht und hell macht, das ***dürfen*** und ***sollen*** wir. Aber das so zu ***wünschen*** und zu ***erbitten***, genau das ist bereits der erste Beginn eines lebendigen Glaubens. Und genau das ist schon der erste Beginn eines Lebens aus Gottes ***Kraft*** und bis in Gottes unbegreifliche ***Herrlichkeit***. Und das, das schenke der allmächtige Gott aus seiner Barmherzigkeit uns allen, uns Alten und Jungen, uns Erfahrenen und Unerfahrenen, uns Traurigen und uns Fröhlichen jetzt und in Ewigkeit.

Amen.

Predigt über Jes 55,6-12a
am Sonntag Sexagesimae[5]

Suchet den HERRN, solange er zu finden ist; rufet ihn an, solange er nahe ist. Der Gottlose lasse von seinem Wege und der Übeltäter von seinen Gedanken und bekehre sich zum HERRN, so wird er sich seiner erbarmen, und zu unserm Gott, denn bei ihm ist viel Vergebung. Denn meine Gedanken sind nicht eure Gedanken, und eure Wege sind nicht meine Wege, spricht der HERR, sondern so viel der Himmel höher ist als die Erde, so sind auch meine Wege höher als eure Wege und meine Gedanken als eure Gedanken. Denn gleichwie der Regen und Schnee vom Himmel fällt und nicht wieder dahin zurückkehrt, sondern feuchtet die Erde und macht sie fruchtbar und lässt wachsen, dass sie gibt Samen, zu säen, und Brot, zu essen, so soll das Wort, das aus meinem Munde geht, auch sein: Es wird nicht wieder leer zu mir zurückkommen, sondern wird tun, was mir gefällt, und ihm wird gelingen, wozu ich es sende. Denn ihr sollt in Freuden ausziehen und im Frieden geleitet werden.

Liebe Gemeinde!

Der Satz, mit dem dieses Wort beginnt, und das uns der Prophet Jesaja in Gottes Namen sagt, dieses: „Suchet den HERRN, solange er zu finden ist“! das ist auch ein Wort der ***Menschheitsgeschichte*** und auch ***unserer*** Lebensgeschichte.

Vielleicht kann man sogar eine ganze Konfirmandenzeit allein unter dieser Ermunterung verstehen „Suchet den HERRN, solange er zu finden ist“. Aber vor allem gehört es zu unserer ganzen abendländischen Geschichte, wie es uns dort immer wieder alle Propheten und theologischen Lehrer zurufen, dieses „Suchet den HERRN, solange er zu finden ist“. Auch will uns eigentlich jeder ***Kirchturm*** und jedes ***Glockenläuten*** ermahnen: „Suchet den HERRN, solange er zu finden ist“. Und dabei wollen sie uns darauf hinweisen, ***woher*** alles Gute und der Frieden, ***woher*** Licht, Heil und Lebenskraft; ***woher*** Vergebung und Ermutigung allein kommen können.

Dennoch wissen wir alle, wie sehr es zu unserer Zeit gehört, dass man eigentlich ***wenig Lust*** hat, sich einzulassen auf das „Suchet den HERRN, solange er zu finden ist". Da sucht man viel dringlicher ***andere*** Sachen, etwa das große Glück, die große Liebe und immer wieder viel, viel Spaß.

Allerdings, warum sollten Menschen nun nicht Freude haben? Das ist doch vollkommen in Ordnung! Jedoch gehört zu unserer Lebenserfahrung auch, dass da im Leben ***nicht immer*** Freude ist.

Und da denke ich allein einmal an den üblichen Streit zwischen den Generationen. Da wollen doch meist die Jüngeren Recht behalten mit ihren ***neuen*** Ideen, Regeln und Werten. Und da wollen auch die Älteren Recht behalten mit ihren ***altbewährten*** Traditionen und Erfahrungen. Und wenn es da nicht zu einem totalen Abbruch des Gespräches kommen soll, was gäbe es da für eine bessere Klammer als das „Suchet den HERRN, solange er zu finden ist"?

Oder wie ist das bei den Kämpfen zwischen Eheleuten, bei den schlimmen Krisen in der Zweisamkeit: Was sollte denn, nachdem Tassen und Teller geflogen sind und jedes Wort nur noch missverstanden und als persönlicher Angriff gewertet wird, was sollte denn sonst Frieden stiften können, als sich gemeinsam zu beugen unter das „Suchet den HERRN, solange er zu finden ist"?

Und wie ist das bei denen, die nicht in Zweisamkeit, sondern in ***Einsamkeit*** leben, wenn einem da die Einsamkeit die Luft abzuschnüren droht und man sich von Gott und der Welt verlassen fühlt? Was sollte denn sonst helfen, als sich heilsam zu vertiefen in das „Suchet den HERRN, solange er zu finden ist"?

Und wie ist das, wenn man über den ganz persönlichen kleinen Rahmen hinaus schaut? Da hat man in der Wirtschaft und Politik doch schon vor der Finanzkrise 2008 entdeckt, dass alles hemmungslose Bereichern unser Volk zerstört, aber auch andere Völker, besonders natürlich die Ärmsten der Armen. Darum rufen doch nachdenkliche Politiker und Wirtschaftsführer nach Hilfen, um den Terror des hemmungslosen Egoismus in Stadt und Land und international endlich irgendwie eindämmen zu können und den Menschen im Beruf und im gesellschaftlichen Miteinander neue Orientierungen zu geben.

Und es sind da gar nicht so wenige nachdenkliche Wirtschaftsführer und Politiker, die nach Orientierungen rufen genau aus dem „Suchet den HERRN, solange er zu finden ist", und die dabei gerade ***uns Christen*** und die ***Kirche*** in Pflicht nehmen wollen. Denn offensichtlich haben wir da auf dieser Welt für die Suche nach Lebensorientierung für das Leben unserer Welt, unseres Volkes, unseres Dorfes, unserer Familien und uns selbst einfach nichts Besseres!

Jedoch, so notwendig eine solche Sammlung aller guten Kräfte und Gedanken für das ***eigene*** Überleben und das Überleben der ***Welt*** ist, oft müssen wir doch schmerzlich erfahren, wie sich unsere Lebenswirklichkeit dieser Notwendigkeit einfach nicht beugen will. Obwohl doch jedem einleuchtet, wie nötig z.B. die internationale Hilfe für die armen Entwicklungsländer ist, so gibt es dennoch den Vorwurf, dass z.Zt. Industrieländer mehr aus diesen armen Entwicklungsländern heraus ziehen, als sie hinein geben und sie damit immer tiefer in Not und Elend treiben.

Obwohl in der Bundespolitik und Landespolitik eine starke und vertrauensvolle Regierung eigentlich vorbildhaft zeigen müsste, wie man in Stadt und Land für das Gute, für das Hilfreiche, für das gemeinsame Wohl eintritt, hören und lesen wir von einem Skandal nach dem anderen und die Parteien lassen kein gutes Haar an dem politischen Gegner. Die Stichworte Hartz IV und Guttenberg mögen genügen.

Und obwohl Eheleute gute Gründe hätten, allein um der Kinder willen zusammenzuhalten und einander zu vergeben, will man nichts davon hören, wie von Gott her vergeben werden kann, sondern zerfleischt man sich gegenseitig und lässt füreinander die Welt untergehen. Und obwohl es einfach notwendig ist, dass Einsamkeiten durch lebendige Gotteserfahrungen überwunden werden müssen und durch hoffnungsvolle Bekehrung zum HERRN, regiert in vielen Herzen allein das Gefühl bitterer Leere. Und obwohl es so notwendig wäre, dass ich selbst stark und ein Vorbild bin, muss ich entdecken, wie schwach und fehlerhaft ich vielfach bin.

Es ist eben völlig ***vertrackt***, wie sich unsere Lebenswirklichkeit mit Macht und für jeden erfahrbar dagegen sträubt, dass alles gut werden soll und muss, dass eben in dem HERRN das Gute gefunden wird, dass die gottlosen Wege verlassen werden und Erbarmen, Heil und viel Vergebung für uns unsere Familien und unser Volk gefunden wird.

Allerdings scheint sich nach unserem Bibelwort sogar unser ***Gott selbst*** gegen vieles zu sträuben, was wir denken, planen und wünschen oder auch für absolut notwendig halten. Wieso? Denn er scheint doch sogar auf ***Distanz*** zu uns und zu unserem Denken zu gehen. Denn er sagt doch - und das klingt hart und unbarmherzig -: „meine Gedanken sind nicht eure Gedanken, und eure Wege sind nicht meine Wege“.

Aber ist das nicht genau richtig? Haben wir nicht schon so manches Mal darunter gelitten, dass Gott gar nicht daran dachte, ***dem*** zu folgen, was ***wir*** für absolut ***notwendig*** gehalten oder auch ***gedacht***, ***geplant*** aber auch ***gebeten***, ***gebettelt*** oder gar ***geschrien*** hatten? Und wo waren da Antworten auf die Sehnsucht, dass man selbst bewahrt und behütet wird? Oder wo waren da Antworten auf die verzweifelten „***Warum***“-Schreie der Mutter, die ihr kleines Kind verlieren musste? Oder wo waren da Antworten auf die ***Klage*** des jungen frisch verheirateten Mannes, am Grabe seiner geliebten Ehefrau?

Nein, tatsächlich bräuchten wir da mit Antworten keinesfalls zu rechnen, wenn Gott wirklich nur der ***ganz Andere,*** also der ***Fremde*** wäre, dessen Gedanken ***nicht*** unser Gedanken, und dessen Wege ***nicht*** unser Wege sind. Oder wenn Gott vielleicht sogar der ***menschenvernichtende*** und ***menschenverachtende*** Moloch wäre, dem ganze Familien, Völker und Welten in gnadenloser Willkür zum Opfer fielen. Aber bliebe uns da nicht nur das dunkle Nichts? Nur die Verzweiflung? Nur ein Verzagen über die Belanglosigkeit unserer Gedanken und Notwendigkeiten?

Aber so ***ist*** es ja nicht! Denn da dürfen wir ***mehr*** wissen und erfahren als die alten Propheten, bzw. dass sich deren Prophezeiung erfüllt: Denn Gott ***hat*** uns doch seine Gedanken mitgeteilt! Gott ***hat*** uns doch ***seinen Sohn*** geschickt. Und egal ob wir das nun wirklich mit unserem Kopf verstehen oder nicht: Sein Sohn Jesus Christus ***kann*** und ***will*** uns erlösen aus dem Gefängnis unserer Gedanken und Gefühle, aus dem Gefängnis von Trauer und Verzweiflung, aus tiefer Sehnsucht nach Licht, Heil und Kraft.

Und dieses Wort von der Erlösung und Befreiung, von der Erleuchtung unseres Lebens, das ***bleibt*** eben auch nicht unfruchtbar! Sondern dieses Wort von Jesus Christus lässt ***Samen*** der ***Hoffnung*** wachsen. Es feuchtet den Boden unserer Herzen, damit endlich die Liebe zu Gott und zu den Menschen ***wirklich keimen*** kann. Dieses Wort vom Erlöser Jesus Christus kommt nicht wieder leer zurück, sondern es arbeitet ***an*** uns und ***in*** uns. Und es hat sogar die göttliche Macht, alles notwendige Scheitern unseres Lebens in wunderbares Gelingen zu verwandeln.

Und dennoch: Wenn wir das nun alles gehört haben und von dieser fruchtbaren Arbeit ***an*** uns und ***in*** uns absolut ***nichts merken*** können? Was ist, wenn die Welt für uns ***trotzdem*** dunkel und gefährdet bleibt? Was ist, wenn auch jetzt der Streit zwischen den Generationen oder in der Ehe ***weiter*** tobt? Oder wenn auch jetzt ***keine*** Aussicht auf Besserung und Heilung ist?

Liebe Mitchristen unter dem Kreuz! Wenn wir das vielleicht sogar mit Erschrecken wahrnehmen, dann dürfen wir uns doch in einem ganz ***anderen*** Sinne darauf verlassen, dass Gott spricht: „meine Gedanken sind nicht eure Gedanken, und eure Wege sind nicht meine Wege“. Denn weil unser Gott doch ein Gott der ***Liebe*** und ***Barmherzigkeit*** ist, darum dürfen wir uns doch fest darauf verlassen, dass Gott - selbst wenn wir es mit unseren Augen nicht sehen können und selbst wenn wir es mit unseren Hören nicht hören können - dass unser Gott für einen jeden von uns ***Wege findet***, an die wir ***niemals*** gedacht hatten, von denen wir nicht einmal zu ***träumen*** wagten, weil eben genauso wie der Himmel höher ist als die Erde auch Gottes Wege ***höher*** sind als unser Wege und Gottes Gedanken ***höher*** sind als unsere Gedanken.

Darum dürfen wir doch fest darauf vertrauen, dass Gott auf ***jeden Fall*** Wege für uns findet, sei es in dieser kurzen Lebenszeit oder dann in der Ewigkeit. Ja, durch sein Wort von der Erlösung, kann Gott durch Jesus Christus ganz gewiss selbst auch ein vollkommen zerstörtes Leben heil und froh machen. In diese Gewissheit ***können***, nein, ***sollen*** wir uns blind fallen lassen.

Und wenn wir uns dann trauen, in diese Gewissheit einzuwandern, also in diese Gewissheit, dass Gottes Gedanken nicht unsere Gedanken sind, und Gottes Wege nicht unsere Wege sind, weil sie eben die Gedanken unseres begrenzten Kopfes weit übersteigen, zu unserem Heil; weil sie eben die Gefühle unseres begrenzten Herzens weit übersteigen, zu unserem Heil, ja, wenn wir uns trauen, in diese Gewissheit ***einzuwandern,*** wie sollte es dann anders sein, als dass auch schlimmste Schmerzen gelindert und tiefste Trauer und größte Sehnsucht gestillt werden?

Warum? Weil Gott uns doch in Christus ***unergründlich liebt*** und wir doch deshalb in ***Freuden*** ausziehen sollen in unser Tagewerk und Beruf, und weil wir doch darum täglich in ***Frieden*** geleitet werden sollen heute, morgen und in Ewigkeit.

Amen.

II. PASSION, OSTERN UND PFINGSTEN

Predigt über Mt 12,38-42 am Sonntag Reminiszere[6]

Da fingen einige von den Schriftgelehrten und Pharisäern an und sprachen zu ihm: Meister, wir möchten gern ein Zeichen von dir sehen. Und er antwortete und sprach zu ihnen: Ein böses und abtrünniges Geschlecht fordert ein Zeichen, aber es wird ihm kein Zeichen gegeben werden, es sei denn das Zeichen des Propheten Jona. Denn wie Jona drei Tage und drei Nächte im Bauch des Fisches war, so wird der Menschensohn drei Tage und drei Nächte im Schoß der Erde sein. Die Leute von Ninive werden auftreten beim Jüngsten Gericht mit diesem Geschlecht und werden es verdammen; denn sie taten Buße nach der Predigt des Jona. Und siehe, hier ist mehr als Jona. Die Königin vom Süden wird auftreten beim Jüngsten Gericht mit diesem Geschlecht und wird es verdammen; denn sie kam vom Ende der Erde, um Salomos Weisheit zu hören. Und siehe, hier ist mehr als Salomo.

Liebe Gemeinde!

Eigentlich könnte doch auch heute jeder verstehen, dass man von Jesus gern ein ***Zeichen*** sehen möchte. Und wir wären uns doch auch ganz sicher, dass wir viel besser und aufrichtiger glauben könnten, wenn wir endlich von Jesus ein ***überwältigendes***, ***sensationelles*** Zeichen sehen würden, das uns einfach umwirft – etwa so, wie es die Großen dieser Welt gekonnt machen, und wo einem der Atem stockt: wenn z.B. der Zauberer Copperfield, mühelos durch die Luft fliegt, oder wenn er zersägte Jungfrauen wieder zusammensetzt, oder wenn er mit einem Male einen ganzen Eisenbahnwaggon verschwinden lässt. ***Das*** wären doch Zeichen, wie wir sie lieben. ***Das*** wären doch untrügliche Merkmale für Können und Vollmacht. Und deshalb kaufen heutzutage ja viele nicht nur teure Eintrittskarten, sondern unternehmen auch weite

Reisen, um so etwas miterleben zu können und über so etwas zu ***staunen***. Denn so etwas kann man sich doch nicht entgehen lassen.

Aber was hieße das eigentlich für unsere sonntäglichen Gottesdienste? Man stelle sich vor: jeden Sonntagmorgen hier bei uns solche Spektakel! Da würde doch unsere kleine Sparrieshooper Kirche nicht ausreichen, um die Menschenmassen zu fassen. Und dann würde jeder auch noch Gäste mitbringen, die solche Sensationen unbedingt miterleben wollten, vielleicht doch ähnlich, wie es damals bei den Schriftgelehrten und Pharisäern war. Vielleicht würden dann sogar unsere jungen Leute auf ihre sonntäglichen Fußballspiele pfeifen, um ja diese Vorführungen nicht zu verpassen. Ja, Jesus Christus jeden Sonntag als großen Zauberkünstler erleben zu können, das wäre sensationell und absolut anziehend, Und was den Pastor angeht, der könnte doch dann vielleicht ein Bisschen ***dazu*** zaubern! Das ***hätte doch was***!

Aber halt! Wieso verweigert sich denn Jesus ganz massiv, als solch sonntäglicher Zauberkünstler aufzutreten? Und er greift sogar alle ***an***, die von ihm Zeichen sehen wollen und sagt: "Ein böses und abtrünniges Geschlecht fordert ein Zeichen, aber es wird ihm kein Zeichen gegeben werden". Aber wieso denn nicht? Warum ***will*** Jesus kein Zeichen geben? Klappern gehört doch zum Handwerk. Solche Zeichen würden doch das Christentum endlich ***voranbringen*** und die Kirchenaustritte abebben lassen. Warum will Jesus Christus kein Zeichen geben, dieser Jesus, von dem wir doch z.B. im Taufbefehl bekennen dass ihm alle Gewalt im Himmel und auf Erden gegeben ist? Und wenn das alles stimmt, dann müsste es ihm doch ein ***Leichtes*** sein, `mal eben einen ***Eisenbahnwagen*** verschwinden lassen, oder ein bisschen Pulverdampf und Lichtspektakel zu erzeugen oder doch wenigstens mit einem Knall auf unserem Gehaltkonto ein paar tausend Euro ***mehr*** erscheinen lassen.

Aber nein und nein, es ***bleibt*** dabei. Jesus will kein spektakuläres Zeichen geben. Und wir, wir stehen da und ***wundern*** uns oder werden sogar ***ärgerlich***, denn so ein paar Sensationen, die wären doch für seine armselige Gemeinde wirklich hilfreich und nützlich!

Aber vielleicht könnte es uns etwas helfen, diese Weigerung zu verstehen, wenn wir uns einmal kurz daran erinnern, wie das uns so ging, ***nachdem*** wir irgend solche große Zaubershow im Varieté oder im Fernsehen gesehen haben. Prüfen wir uns doch einmal an Leib und Seele: Wie war es, nachdem wir uns satt gesehen hatten? War dadurch etwa die ***Angst*** vor dem nächsten Tag kleiner geworden – so z.B. die Angst vor der Mathe-Arbeit, bei der wir uns so sehr fürchten, alles zu verhaspeln? Oder ist dadurch etwa die Sorge um die Tochter in der Ferne auch nur ein wenig geringer geworden? Oder ist durch das Fernsehspektakel etwa unsere Trauer über den Tod eines geliebten Menschen auch nur ein ***Bisschen*** weniger geworden?

Nein, denn was soll uns da irgend so ein wegschwebender Eisenbahnwaggon in den entscheidenden Fragen unseres Lebens wirklich helfen können – ganz davon abgesehen, dass wir ja alle wissen, dass wir bei solchen Zeichen, also bei solchen Zauberkunststücken letztlich auf sehr geschickte Art nur an der ***Nase*** herumgeführt werden.

Aber genau um diesen Unterschied geht es: Jesus will sich nicht einlassen auf ***unwichtigen Firlefanz*** oder ***Spielchen*** und schon gar nicht auf ***Täuschungen***. Sondern um ***Buße*** geht es in seiner Verkündigung. Nein, nicht um teure Bußgeldbescheide, sondern um Buße im ***biblischen*** Sinne und das bedeutet ***umdenken***, umfühlen, und sich umorientieren Aber worin sollen wir uns nun umorientieren? Doch dass wir eben ***nicht*** mehr auf alle diese Spielchen hereinfallen, doch dass wir uns eben ***nicht*** mehr durch Täuschung und Betrug den Kopf verdrehen lassen. Sondern endlich auf ***das*** schauen, was wirklich ***wichtig*** ist im Leben.

Was das ist? Eben ***nicht*** das Gaffen auf zersägte Jungfrauen auf schwebende Eisenbahnwaggons, aber genauso wenig das Hören auf berauschenden Erfolgsmeldungen, wie gut wir nun im Beruf oder im Freundeskreis sind, oder wie schmerzhaft sich heute wieder die alte Wunde bemerkbar macht. Sondern das ***Entscheidende*** ist doch, auf ***Gottes Wort*** zu hören und dann dem ***lebendigen Gott unbedingt*** zu ***vertrauen.*** Sich auf diese Weise erfüllen zu lassen von dem unbedingten und heilsamen Vertrauen auf das Wirken des lebendigen Gottes, der eben nicht täuscht und blufft, und für den solche Zirkuskunststückchen wirklich unter seiner Würde sind, weil eben das ganze ***Weltall*** seinem Ruf gehorcht.

Und was hat nun der Prophet ***Jona*** damit zu tun, und dass er drei Tage und drei Nächte im Bauch des Fisches war, wie wir es vorhin gehört haben? Da geht es um die drei Tage, die daran erinnern, dass auch Christus am dritten Tage auferstehen würde. Aber mich beeindruckt viel mehr als diese drei Tage ein ***anderer*** Aspekt dieses Zeichens. Nämlich: obwohl dieser Jona ***derart*** verschluckt, aufgefressen, vertilgt war, da fängt er doch mitten im Bauch des Fisches an, Gott zu ***loben*** und zu ***danken!*** Wofür? Doch bereits für die ***Errettung***, die erst noch ***kommen soll*** und von der er noch gar nichts wissen kann. Aber es ging dann ja tatsächlich auch so: nach drei Tagen, da spukte der Fisch Jona ans Land und er war gerettet.

Und ganz konkret heißt das doch, dass dieser Jona also bereits anfängt, Gott zu loben und zu danken, obwohl es ihm noch ***so*** schlecht ging, wie es ihm als Aufgefressenen eigentlich gar nicht schlechter gehen konnte. Jedoch ***so groß*** war sein Vertrauen in unseren Gott, und dass unser Gott ihn retten würde, dass er bereits mitten in der größten Not beginnen kann, Gott zu loben. Was für ein ***Gottvertrauen***!

Und wenn der Jona dann den Leuten von Ninive letztlich genau ***das alles*** gepredigt und auf den Kopf zu gesagt hatte, ich denke, dann werden sie beim Jüngsten Gericht zu Recht vor der Menschheit damals und vor der Menschheit heute auftreten und werden sie zurecht verdammen; denn ***sie*** taten alle Buße nach der Predigt des Jona, denn ***sie*** gingen alle in Sack und Asche, denn ***sie*** orientierten sich alle um und gaben endlich mit ihrem ganzen Leben dem lebendigen Gott die Ehre.

Und wie sieht es da bei uns persönlich aus? Wie sollte das nun ***uns*** im Jüngsten Gericht ergehen? Immerhin sollten wir doch wirklich viel ***mehr*** wissen, als Jona und die Leute aus Ninive. Denn Christus ist doch ***mehr*** als Jona und natürlich auch ***mehr*** als der weise König Salomo, um dessentwillen die Königin des Südens vom Ende der Erde kam, um Salomos Weisheit zu hören.

Vor allem aber ist es an Christus wirklich ein Zeichen, dass er nicht erst wie Jona im Bauch des Fisches, bzw. im Bauch der Erde, also im Grab anfing, Gott zu loben und zu danken für die Errettung, die doch erst noch kommen soll, die eben erst mit der ***Auferstehung*** zu ***Ostern*** noch kommen soll.

Sondern sein ***ganzes Leben*** als eingeborener Sohn Gottes ***war*** und ***ist doch*** ein einziges ***Lob Gottes***. Jesus Christus, das ist doch fast ein anderer Name für ***unendlich tiefes Vertrauen*** auf Gottes Wirken und Walten, auf Gottes Tragen und Halten. Ja, sein Vertrauen ist sogar so groß, dass es unser Zweifeln und Zagen ***mit*** umschließen kann. Sein Vertrauen als Sohn Gottes ist sogar so groß, dass er ***stellvertretend*** für uns glauben, hoffen, wagen und sich hingeben kann. Deshalb ***reicht*** es ja auch, dass ***er*** durch die dunkelsten Täler dieser Welt hindurchgegangen ist. Darum müssen wir das ***nicht*** mehr tun.

Was für ein Zeichen wir dafür haben? Nein, nein, eben keine Spektakel. Sondern das ganz schlichte und doch heilsnotwendige Zeichen dafür ist – die Taufe. Wer in Christus getauft ist, der ist in seinen Tod getauft aber auch in seine Auferstehung. In das ewige Leben, das von Christus ausgeht und in das jeder, der glaubt und getauft ist, unverlierbar eingezeichnet ist.

Das Wasser der Taufe ist allerdings dabei, genauso wie bei Jona, ein Bild für alles Untergehen, für das Sterben des alten Menschen. Aber doch nur deshalb, damit ***dann*** durch die Güte Gottes das neue ***Kind Gottes*** aus diesem Wasser auferstehen soll. Und wie sagt das mit so markigen Worten der alte Vater Martin Luther? Er sagt: „Was bedeutet denn solches Wassertaufen? Es bedeutet, dass der alte Adam in uns durch tägliche Reue und Buße soll ***ersäuft*** werden und ***sterben*** mit allen Sünden und bösen Lüsten; und wiederum täglich ***herauskommen*** und ***auferstehen*** als ein neuer Mensch, der in Gerechtigkeit und Reinigkeit vor Gott ewig lebe." (nach WA 30 I, 382f.)

Ja, vor Gott ewig und himmlisch leben, das dürfen und sollen wir, und nicht auf großartige Spektakel schauen. Sondern ***schauen*** sollen und dürfen wir auf unseren Nächsten, auf seine Hilflosigkeit und Not, und ihm dann gern helfen und für ihn mutig einstehen. Ja, ***mutig*** einstehen, denn Christen können doch mutig sein, weil sie tief in ihrem Herzen wissen, dass ihnen eigentlich nichts wirklich Schlimmes mehr geschehen kann, Christen gehören doch ***jetzt schon*** zu Gott und in seine Herrlichkeit. Dazu müssen sie nicht erst von einem großen Fisch verschlungen werden, um erst ***dann*** zu beginnen, Gott zu loben und zu danken. Das können wir vielmehr schon **jetzt** und **hier** tun und ganz bestimmt dann in Gottes ewigem Reich.

Amen.

Predigt über 1. Kor. 11, 23-26 am Gründonnerstag[7]

Ich habe von dem Herrn empfangen, was ich auch euch weitergegeben habe: Der Herr Jesus, in der Nacht, da er verraten ward, nahm er das Brot, dankte und brach's und sprach: „Dies ist mein Leib, der für euch gegeben wird; das tut zu meinem Gedächtnis“. Desgleichen nahm er auch den Kelch nach dem Mahl und sprach: „Dieser Kelch ist der neue Bund in meinem Blut; das tut, sooft ihr daraus trinkt, zu meinem Gedächtnis“. Denn sooft ihr von diesem Brot esst und diesem Kelch trinkt, verkündigt ihr den Tod des Herrn, bis er kommt.

Liebe Gemeinde!

Beim Heiligen Abendmahl geht es um das Essen und Trinken. Das ist wirklich ganz einfach. Und das kann jedes Kind verstehen. Denn Essen und Trinken gehören doch einfach zum Leben und sind für uns gut und wohltuend. Und woher ***wissen*** wir üblicherweise, was gut und wohltuend für uns ist?

Das erfahren wir normalerweise zuerst durch unsere ***Eltern***! Sie, die für uns wie Stellvertreter Gottes waren, haben uns doch als kleine Kinder genährt und gefüttert. Essen und Trinken war genau durch sie ***für uns*** gegeben, nicht für irgendjemand anderen, also „Für uns gegeben“, genauso, wie es hier in unserem Bibeltext heißt. So ist das ganz ***natürlich*** und so ist das von Gott ***gewollt***. Und so haben wir doch dann ganz natürlich und voller bedingungslosem Vertrauen gegessen und getrunken, was uns unsere Eltern vorsetzten. Und wir brauchten das einfach zum Leben.

Und vielleicht haben das damals genauso die großen und kleinen Kinder des Alten Gottesvolkes getan, des Volkes des Alten Bundes, als der Auszug aus Ägypten unmittelbar bevorstand, als das Passah-Lamm geschlachtet war, und als es miteinander gegessen werden sollte. Und dabei ging es ***einerseits*** auch um ganz natürliches Essen und Trinken und die Kinder haben das gegessen, was ihnen ihre Eltern vorsetzten. Und doch war alles ganz ***anders***.

Was war da anders? Es war doch eben ein Essen und Trinken vor dem ***Auszug aus Ägypten***. Es war zwar ein natürliches Essen und Trinken, es begann aber damals die aus Gottes Ewigkeit gefügte ***Befreiung und Erlösung*** des ganzen Volkes. Insofern waren auch damals genauso wie beim heutigen Abendmahl ganz ***unterschiedliche Dimensionen*** eng und untrennbar miteinander verbunden: Natürliches und Göttliches, Irdisch-Vergängliches und Unvergänglich-Ewiges. Und weil da diese ***Dimensionen*** von Zeit und Ewigkeit so besonders miteinander verbunden sind, deshalb kann man am Gründonnerstag bei der Feier des Hl. Abendmahls nicht die eine oder andere Ergänzung zusetzen oder etwas weglassen oder sich etwas Originelles zusätzlich ausdenken.

Nein, weder beim Essen und Trinken vor dem ***Auszug aus Ägypten***, noch beim heutigen Abendmahl geht es um etwas Ausgedachtes oder etwas von uns Erfundenes.

Sondern wir haben hier alles nur ***empfangen*** - so, wie es uns der Hl. Apostel vom Hl. Abendmahl schreibt. Von wem? Im Namen der dreieinigen Gottes von ***Christus*** und dann weiter von unseren Müttern und Vätern im Glauben! Und das Geheimnis des Heiligen Mahls ist dann ***sorgfältig*** und ***achtsam*** von Hand zu Hand, von Generation zu Generation, von Zeitalter zu Zeitalter weitergegeben und weiterbezeugt worden. Und wir sind nur ***ein Glied*** einer Kette durch die Jahrtausende. So haben wir das Geheimnis des Herrenmahls ***empfangen***, ähnlich wie der Hl. Apostel Paulus es vom Herrn ***empfangen*** hat: Gabe des Herrn, Gabe Gottes, ***heilig*** und ***unantastbar***.

Was hier ***heilig*** bedeutet? Heilig bedeutet „zu Gott gehörig", „von Gott geboten". Und erinnern wir uns hierzu noch einmal an das Alte Gottesvolk, das Volk des Alten Bundes: Da war es eben von Gott aus seiner Ewigkeit her geboten, sich vor dem Auszug aus Ägypten, zum Beginn der Befreiung und Erlösung mit vergänglichem

Essen und Trinken zu stärken. Und genauso ist es von Christus aus Gottes Ewigkeit her geboten, uns für unser irdisches, vergängliches Leben im Hl. Abendmahl ewig stärken und alles zum Guten wenden zu lassen.

Und wenn wir auf diesen Aspekt der Stärkung im Abendmahl schauen, dann braucht man sich nicht darüber zu wundern, dass Menschen, die sich für ***stark*** halten, und die nicht unter unserer Wirklichkeit leiden, wohl kaum kommen, um im Hl. Abendmahl Stärkung und Wandlung zu suchen. Wenn eben jemand von sich meint, ***perfekt*** und ***erfolgreich zu sein***, wozu sollte der dann noch Stärkung und die Wendung zum Guten ersehnen? Wozu sollte der dann noch das Hl. Abendmahl brauchen? Meint derjenige nicht, sein unvergängliches, ewiges Ziel bereits in der Vergänglichkeit gefunden zu haben?

Und so lädt Christus ausdrücklich alle „Mühseligen und Beladenen" ein. Er lädt die Schwachen ein. Auch ***die*** Schwachen, die wohl nur ***äußerlich*** stark erscheinen. Er lädt die Sehnsüchtigen ein. Auch ***die*** Sehnsüchtigen, die wohl nur ***äußerlich*** Gewissheit verbreiten zu scheinen. Er lädt die auch die ***Gebrochenen*** ein und die ***Verräter*** ihres Lebens und auch die Verräter ***Christi***, mögen sie äußerlich auch noch so ***selbstsicher*** scheinen.

Ja, den allen ist verheißen, durch das Abendmahl aus der Kraft der Ewigkeit gestärkt, erlöst und befreit zu werden. ***Den allen*** ist verheißen, in Gemeinschaft mit Christus hineingezogen zu werden. ***Den allen*** ist verheißen, in die Gemeinschaft der christlichen Heiligen, und damit in den Leib Christi mit hineingenommen zu werden.

Und wie ***geschieht*** das? Indem uns Christus unter Brot und Wein begegnet. Indem wir uns ***einverleiben***, wie er sich uns mit Brot und Wein geben will, wie er uns ***durchdringen*** will, bis in das letzte ***Äderchen***, bis in den letzten ***Gedanken***, bis in den letzten ***Gefühlswinkel***.

Und wenn man das ganz ernst nimmt, dann müsste sich das doch in uns auswirken. Wenn wir uns sicher wären, dass dann nicht mehr ***unser***, sondern ***sein*** Blut in unseren Adern pulst, dann müsste das doch für uns Folgen haben. Wenn wir dann froh darüber wären, dass nicht mehr ***unsere eigene*** irdische und vergängliche Selbstbehauptung in uns wohnt und uns treibt, sondern ***seine***, aus Gottes Ewigkeit kommende gute Kraft und Fülle, dann ***wären*** wir doch bereits ***erlöst***. Dann ***wären*** wir doch bereits ***untrennbar*** und ***unaufhebbar*** von Christus durchdrungen. Dann wären wir doch schon wie in Ewigkeit ***vollendet***.

Aber noch ist es nicht ***vollkommen*** so weit. Gottes Reich ***kommt*** erst noch, obwohl Christus uns im Abendmahl schon geheimnisvoll nahe ist, obwohl uns vergängliche Menschen im Hl. Abendmahl schon das Ewige geheimnisvoll berührt.

Denn nach den Worten des Hl. Apostels sollen und dürfen wir, sooft wir von dem Abendmahlsbrot essen und aus diesem Abendmahlskelch trinken, den Tod des Herren verkündigen, ***bis er kommt.*** Und noch ist er nicht gekommen, unser persönliches Leben zu vollenden und alles Leben auf der Welt zu vollenden. Solange ***sollen*** und ***dürfen*** wir noch warten, uns immer wieder neu stärken lassen durch das Hl. Abendmahl und uns immer wieder neu hinein nehmen lassen in den Leib Christi.

Und dennoch müsste es doch so sein, dass für jeden, der so durch Christi Leib und Blut gestärkten ist, schon alles ***anders*** aussieht als vorher. Denn alles was da an Angst und Sorge sein sollte, und was uns sonst lähmen und fesseln würde, das müsste ***doch schon*** seine Gewalt über uns verloren haben. Und vielleicht könnte man sogar deutlich fühlen, dass nun die eigenen Verwundungen und Schmerzen nur noch so etwas wie ***Wegmarken*** sind auf unserem Weg durch diese Welt hindurch bis zur Erfüllung in Christus, bis in Gottes Ewigkeit.

Und vielleicht hilft auch hier wieder eine Erinnerung an das Alte Gottesvolk: Wenn es eben von Gott ***geboten*** ist, derart mit Essen und Trinken gestärkt den Weg zur Befreiung und Erlösung zu gehen - und sei es dann lange durch Wüsten hindurch -, dann kann doch ***niemand*** mehr diesen von Gott gebotenen Weg und Lebensweg zur Befreiung ***aufhalten***.

Und das ist ein großer Trost für unser Leben. Und das kann so viel verändern. Denn dann müsste man doch nicht mehr wie sonst mit aller Kraft und so viel Mühe um Selbstbehauptung und Anerkennung kämpfen. Denn als Kinder Gottes ***ist*** uns ***bereits*** ewige Anerkennung und Liebe zugesagt und ***sind*** wir darum bereits auf dem von ihm gebotenen Weg zu ewiger Befreiung und Erlösung und dürfen uns - wie von ihm geboten - durch seine Nähe im Abendmahl stärken lassen.

Ja, so sind ***Gegenwart***, ***Vergangenheit*** und ***Zukunft*** unseres Lebens in Christi Namen im Abendmahl vereinigt. So beginnen wir ***jetzt schon*** verwandelt, froh und dankbar zu werden durch die heilige Gabe, die aus Gottes Ewigkeit hier in unsere Wirklichkeit reicht, bis wir dann im Reich Gottes ***völlig verwandelt und erlöst*** mit ihm zu Tisch sitzen dürfen und das von Ewigkeit zu Ewigkeit.

Amen.

Predigt über Lk 24,50-53 am Himmelfahrtstag[8]

Jesus führte seine Jünger aber hinaus bis nach Betanien und hob die Hände auf und segnete sie. Und es geschah, als er sie segnete, schied er von ihnen und fuhr auf gen Himmel. Sie aber beteten ihn an und kehrten zurück nach Jerusalem mit großer Freude und waren allezeit im Tempel und priesen Gott.

Liebe Gemeinde!

Seit frühster Jugend ist für mich der Himmelfahrtstag etwas ganz ***Strahlendes*** und ***Schönes***! Mir will da einfach nur Sonne, sanfter Wind und etwas aufgeregte Fröhlichkeit in Erinnerung kommen! Und vielleicht ist das in diesen Tagen auch sehr ähnlich auf dem Münchner Kirchentag, der jetzt gerade stattfindet und zu dem eine nicht kleine Gruppe aus unserer Gemeinde gefahren ist. Immerhin hatte ich damals bei den Kirchenkreisjungschartreffen in Lichtensee bei Ahrensburg solche Stimmung zum ersten Mal erlebt. So habe ich dort als Jugendlicher die Himmelfahrtstreffen genossen. Was wurde da gesungen, vor, nach und im Gottesdienst, fast genauso schön, wie heute hier im Gottesdienst. Und dann entsinne ich mich noch, dass der Himmelfahrtstag häufig auch die Gelegenheit zum ersten Bad im Freien war.

Der Zug ins Freie und in frischer Luft umherzuziehen und allerhand leibliche Genüsse stehen natürlich völlig im Vordergrund beim so genannten „Vatertag", der mit dem Himmelfahrtstag überhaupt nichts zu tun hat, und der sich auch gar nicht ernsthaft mit dem beschäftigt, was Vater zu sein bedeutet. Sondern es meinen eben einfach einige Väter, nun ihren besonderen, feuchtfröhlichen Spaß haben zu müssen.

Heutzutage als reiferer Mensch muss ich darüber staunen, wie ich ***damals*** den Himmelfahrtstag so hautnah und lebendig hatte mit Leib und Seele erleben, und so gute und schöne Erinnerungen und Gefühle hatte behalten können, obwohl Christi Himmelfahrt doch ein Fest ist, das offensichtlich mit ***Trennung*** zu tun hat. Jedenfalls haben es doch die Alten Meister so zum Himmelfahrtsereignis immer wieder in satten bunten Farben gemalt: Der auferstandene Christus wird von seinen Jüngern getrennt, von einer Wolke aufgehoben in den blauen Himmel - mit Sonne, Mond und Sternen oder Engeln. Und unten sieht man dann die zurückgebliebenen Jünger, wie sie so dem in den Himmel aufgefahrenen nachschauen.

Wenn wir uns jetzt einmal in die Situation der Jünger hinein versetzen, so erscheint uns so etwas nicht fremd. Denn wir kennen das doch, dieses bei einer Trennung Nachschauen. Und wir wissen, was das mit einem macht und wie sich das anfühlt, dieses Nachschauen etwa auf den Bahnhöfen, oder auf den Straßen, in den Häfen und auf den Flughäfen. Allerdings hat das in der Regel ***nicht*** mit guten und schönen Erinnerungen und Gefühlen zu tun, so dass man etwas Vergleichbares wie ein fröhliches Himmelfahrtsfest feiern könnte. Sondern unsere Erfahrung ist doch, dass Trennung und Abschied vielfach mit Sorge verbunden ist, oder mit Abschiedsschmerz, und vielleicht auch mit so manchem stillen Gebet um Schutz und Bewahrung auf der Reise.

Darum jetzt noch einmal aus dieser Perspektive die Besinnung auf den Himmelfahrtstag. Kann hier deshalb am Himmelfahrtstag das Thema Trennung und Verabschiedung im Mittelpunkt stehen? Nicht, dass es nicht lohnenswert wäre, grundsätzlich über Abschied und Sorge und stille Gebete nachzudenken. Aber ich glaube, erstens fühlen wir nun einmal alle am heutigen Himmelfahrtstag ganz ***anders***! Und tatsächlich ***handelt*** es sich beim Himmelfahrtstag um ganz anderes.

Wie man das unmittelbar einsehen kann? Doch durch einen schnellen Blick auf den Predigttext in meiner ***englischen*** Bibel. und da stand etwas Bemerkenswertes: An der Stelle im 51. Vers (von Lk 24), wo es auf deutsch heißt "und fuhr auf gen Himmel", da las ich: "was taken up into ***heaven***!" Da stand also wirklich ***nicht*** das Wort, das für den blauen Himmel mit den weißen Wolken und der strahlenden Sonne benutzt wird, denn das müsste ja "sky" heißen! Nach der englischen Übersetzung wird Jesus eben ***nicht*** in den blauen Himmel aufgehoben zwischen alle die Wolken, Sonne, Mond und Sterne, Flugzeuge und Satelliten, sondern er ist aufgefahren in ***den*** Himmel, der für Gottes ganz andere Lebenswirklichkeit steht, und wo er sitzt zur Rechten Gottes, und von wo er kommen wird, zu richten die Lebenden und die Toten.

Offensichtlich ist es also ein Problem der deutschen Sprache, dass wir ***nicht unterscheiden*** können zwischen dem blauen Himmel und ganz anderen Wirklichkeit Gottes und seiner ganz anderen Gewalt. Und diese Unterscheidung ist ja ganz entscheidend. Denn wie harmlos wäre diese Gewalt Gottes, des Vaters, des Sohnes und des Hl. Geistes, wenn wir sie nur in irgendeiner fernen Ecke des bewölkten Himmels anzusiedeln bräuchten. Und wenn dieser Himmel dann einmal vor Gottes Zorn über uns ***schwarz*** werden würde und ***donnern*** und ***blitzen*** würde, dann würden wir einfach ins ***Haus*** gehen, einen Blitzableiter aufstellen und den Regen prasseln lassen. Ätsch, lieber Gott, das war‘s!

Aber so ist das ja eben ***nicht*** mit der ganz anderen Lebenswirklichkeit Gottes, mit seiner Gewalt und mit der Macht seines Wirkens, die sich nicht in Bildern darstellen lässt. Aber was wir aber so manches Mal mit eigenen Augen beobachten können, ist, wie wir Menschen schmerzhafte Erfahrungen mit der Gewalt, Macht und Wucht unserer von Gott gesetzten irdischen Lebenswirklichkeit machen müssen.

Und da tut es doch manchmal ***richtig weh,*** mit ansehen zu müssen, wie ein Gottloser, leer und hohl wie er ist, und Gott höhnend und verachtend, letztlich in sein Verderben läuft. Und so manches Mal kann man auch sehen, wie Hoffnungslosigkeit und Angst oder Heulen und Zähneklappern ***den*** verzehren, der meint, seinen Weg ohne Gott gehen zu können. Und manches Mal muss man auch wahrnehmen, wie Sünde und Schuld denjenigen innerlich verkrümmen und krank machen, der sich von Gott abwendet und seinen Nächsten niederdrückt. Offenbar kann niemand dieser tief in unser eigenes Leben hineingreifenden Gewalt und Macht Gottes mit seinem richtenden Gesetz entgehen. Also auch wir nicht mit unserem manchmal so zaghaftem Glauben?

Aber genau darum ist es ein ***Trost*** und eine ***Freude***, dass unser ***Herr Jesus Christus*** zur Rechten Gottes sitzt, und dass ***er*** eben am Himmelfahrtstag in den Himmel aufgefahren ist, um damit ***unverlierbar*** seine göttliche Gewalt auszuüben, und dass ***er*** das Gericht über Lebende und Tote ist! Genau deshalb sind dann auch die Jünger am Himmelsfahrtstag ganz froh und dankbar, und kehrten zurück nach Jerusalem und waren allezeit im Tempel und priesen Gott.

Ja, ***Jesus Christus*** ist das Gericht über Lebende und Tote. Und derjenige, der sich darauf verlassen kann, dass Jesus Christus, dieser barmherzige Richter, stellvertretend für uns und unseren zaghaften Glauben all unser Lebensleid erlitten, erduldet, vollendet hat, ja, wer das glauben kann, dem wird dann das befreiende Geschick zugeteilt, nicht mehr ***selbst*** alles erleiden und erdulden zu müssen. Dem wird dann das wunderbare Geschick zugeteilt, ***Anteil*** haben zu dürfen am Leben und Wirken Jesu Christi in Gottes ganz anderer Wirklichkeit.

Wer sich so auf Jesus Christus verlassen kann, dem ist gegen alles wohlverdiente Verderben und gegen alle selbstverschuldete Vergehen Gottes ***Vergebung*** und ***Erbarmen*** zugesagt und dessen Leben wird durch Gottes Gericht neu und schön ***ausgerichtet*** und ***vollendet***. Wer so Jesus Christus und seiner unmittelbar unter uns in Gottes Namen wirkenden göttlichen Gewalt glaubt, der hat ein ***segensvolles*** Leben, selbst wenn er ***stürbe***. Deshalb kann er doch wie die ersten Jünger froh sein und singen, selbst wenn die ***Lebensangst*** und das ***Grauen*** umgeht, der kann ***friedlich*** und ***liebevoll*** sein, selbst wenn ***Hass*** und ***Neid*** sich zerfleischen. Ja, wer so glauben kann, dem darf der Himmelfahrtstag ein ***fröhlicher*** Tag sein, ein Tag, an dem wir besonders die Zusage unseres Herrn Jesus Christus feiern dürfen, die einem jeden von uns aufgrund unserer Taufe auf unseren Lebensweg mitgegeben ist: "Siehe ich bin bei euch alle Tage bis an der Welt Ende!" (Mt 28,20)

Diese Zuversicht auf das Herrschen und Lenken, auf das Führen und Trösten, auf das Erlösen und Vollenden durch ***Jesus Christus*** begleite uns daher von jetzt bis in alle Ewigkeit.

Amen.

Predigt über Apg. 2,1-18
am Pfingstsonntag[9]

Und als der Pfingsttag gekommen war, waren sie alle an einem Ort beieinander. Und es geschah plötzlich ein Brausen vom Himmel wie von einem gewaltigen Wind und erfüllte das ganze Haus, in dem sie saßen. Und es erschienen ihnen Zungen zerteilt, wie von Feuer; und er setzte sich auf einen jeden von ihnen, und sie wurden alle erfüllt von dem heiligen Geist und fingen an, zu predigen in andern Sprachen, wie der Geist ihnen gab auszusprechen. Es wohnten aber in Jerusalem Juden, die waren gottesfürchtige Männer aus allen Völkern unter dem Himmel. Als nun dieses Brausen geschah, kam die Menge zusammen und wurde bestürzt; denn ein jeder hörte sie in seiner eigenen Sprache reden. Sie entsetzten sich aber, verwunderten sich und sprachen: Siehe, sind nicht diese alle, die da reden, aus Galiläa? Wie hören wir denn jeder seine eigene Muttersprache? Parther und Meder und Elamiter und die wir wohnen in Mesopotamien und Judäa, Kappadozien, Pontus und der Provinz Asien, Phrygien und Pamphylien, Ägypten und der Gegend von Kyrene in Libyen und Einwanderer aus Rom, Juden und Judengenossen, Kreter und Araber: wir hören sie in unsern Sprachen von den großen Taten Gottes reden. Sie entsetzten sich aber alle und wurden ratlos und sprachen einer zu dem andern: Was will das werden? Andere aber hatten ihren Spott und sprachen: Sie sind voll von süßem Wein.

Da trat Petrus auf mit den Elf, erhob seine Stimme und redete zu ihnen: Ihr Juden, liebe Männer und alle, die ihr in Jerusalem wohnt, das sei euch kundgetan, und lasst meine Worte zu euren Ohren eingehen! Denn diese sind nicht betrunken, wie ihr meint, ist es doch erst die dritte Stunde am Tage; sondern das ist's, was durch den Propheten Joel gesagt worden ist (Joel 3,1-5): "Und es soll geschehen in den letzten Tagen, spricht Gott, da will ich ausgießen von meinem Geist auf alles Fleisch; und eure Söhne und eure Töchter sollen weissagen, und eure Jünglinge sollen Gesichte sehen, und eure Alten sollen Träume haben; und

auf meine Knechte und auf meine Mägde will ich in jenen Tagen von meinem Geist ausgießen, und sie sollen weissagen".

Liebe Gemeinde!

Da wäre was los, wenn es jetzt plötzlich ***hier*** und ***heute*** anfangen würde, richtig zu ***brausen***, wie von einem ***gewaltigen Wind***! Da wäre was los, wenn unser Sparrieshooper Gotteshaus mit einem Male dicht und dick ***erfüllt*** wäre von ***Wind, Geist, Rauch und Feuer.*** Und wenn dann weiter dieser Geist und Wind in uns alle ***hineindringen*** würde und alle plötzlich zu ***reden*** anfingen, ja, wenn mit einem Male alle ***aufspringen*** würden, um zu ***singen, zu stammeln, zu predigen, und Gott zu loben***! Sicherlich bekämen wir dann alle einen ***Schrecken*** und wäre vielleicht genauso ratlos, wie mancher Zeitgenosse ***damals.***

Allerdings kann ich mir auch vorstellen, dass dann vielleicht der eine oder andere von Euch ***Jüngeren*** sagt: "Hey, Das ist ja genauso wie immer in den großen ***Fernseh-Shows***, wo auch immer so viel ***passiert*** und alles durcheinandergeht. ***Nebel*** wallen dann auf die Bühne und alle Leute singen mit. Und gleichzeitig wird dazu ***geredet*** im Fernsehen: viel und schnell und aufgedreht. - Jeder fühlt sich auf ***seine Weise*** angesprochen und alle finden es wunderbar. Allerdings, wenn man so etwas häufig im Fernsehen hat, wozu brauchen wir dann jetzt ein extra ***Pfingstfest***?"

Oder gibt es da doch einen ***Unterschied*** zwischen Pfingsten und Show-Veranstaltungen im Fernsehen? Was soll und muss denn da ***anders*** sein, wenn da mit einem Mal der ***Geist der Wahrheit*** in Menschenherzen ***einbricht,*** wenn da mit einem Mal etwa passiert, was ***nicht*** mit Kunstnebel oder Pillen, Wein oder Drogen zu tun hat?

Übrigens, dass ***Drogen*** eine Rolle spielen könnten, das dachte ja so mancher auch bereits beim ***ersten*** Pfingstfest, also bei der ***Ausgießung*** des Hl. Geistes, beim ***Ge-***

burtstag der Kirche. Denn die Bibel berichtet ja: "Andere hatten aber ihren Spott und sprachen: 'Sie sind voll von süßem Wein'". Dabei hatten sich doch ***Petrus*** und alle anderen christlichen Frauen und Männer damals, vollkommen nüchtern zu Gebet und Anbetung versammelt. Allerdings gab es auch ***damals*** in der antikem Welt genügend Show-Veranstaltungen und Trinkgelage, wo man etwa dem populären Heidengott Dionysos huldigte, und wo es deshalb ***hoch her ging***, und wo dann auch viel gesungen, gesagt, geredet oder sich auch um den Hals gefallen wurde. Offenbar verwechselten einige die Ausgießung des Hl. Geistes mit so etwas.

Übrigens was die Frage von ***Verwechslungen*** anbelangt: Ob ein Außenstehender, wenn er hier heute Morgen zu uns in den ***Gottesdienst*** schaute, ob der etwa auf den Verdacht käme, dass wir durch Drogen, Alkohol oder Wein alle ***durcheinander*** gebracht sind? Nein, wir hier in Sparrieshoop doch nicht. Allerdings wenn wir hier jetzt vielleicht ***zusammen*** mit einer der amerikanischen Negergemeinden unseren Pfingst-Gottesdienst feiern würden, wo dann während ***Predigt*** plötzlich alle begeistert einwerfen "***Amen***" oder "***Halleluja***", und wo plötzlich alle anfangen können zu ***singen*** oder zu ***tanzen***, ja, dann sähe das doch bestimmt viel ***mehr*** nach urchristlicher pfingstlicher Bewegung aus - allerdings vielleicht auch ein Bisschen mehr ***so***, dass man es mit den Wirkungen von Drogen oder Alkohol ***verwechseln*** könnte.

Nun sind wir Norddeutsche jedoch meist recht ***nüchtern*** und ***gesetzt***. Aber muss das deshalb etwa heißen, dass wir von den aufregenden Wirkungen des Hl. Geistes ***ausgeschlossen*** sein sollten? Das kann ich mir nicht vorstellen! Auf jeden Fall wir sollten uns aber nicht durch die Begeisterungsstürme unter Völkern anderer Lebensart ***irritieren*** lassen! Denn Gottes Geist der Wahrheit sucht sich ***allein*** seinen ***ihm angemessenen*** Weg!

Und auf keinen Fall können wir Gottes Hl. Geist erzwingen - etwa so wie in der bekannten Geschichte von einem Dithmarscher Pastor. Ja, er ***wollte*** und ***musste*** endlich zum Pfingstfest seine ungläubigen Bauern von der Kraft des Heiligen Geistes überzeugen. Und wie er das nun anstellen wollte? Da kaufte er eine weiße Taube, gab sie seinem Küster und gab ihm die Anweisung: „Wenn ick am En' von min Predigt laut ruf: ‚Nu küm, Hieligen Giest', dann lässu düsse witte Duw vonne Empore runner flegen!" „Mock ick!" sagte der Küster und nahm die „witte Duw" an sich. Ja, und dann kam der Pfingsttag und der Pastor predigte über den Hl. Geist. Und am Ende der Predigt rief er laut und eindringlich: „***Nu küm, Hieligen Giest***!" Aber nichts kam. Und nochmals: „***Nu küm, Hieligen Giest***!" Nichts! Und nochmals dasselbe. Da ertönte von hinten zaghaft die Stimme des Küsters: „Herr Paster, den Hieligen Giest, den hat de Kat freden!"[10]

Nein, Gottes Hl. Geist lässt sich nicht erzwingen. Und wer es versucht, der erlebt Schiffbruch. Darum dürfen wir uns durch diesen geistlich ***explodierenden*** biblischen Bericht ***nicht genötigt*** fühlen und eventuell ein schlechtes Gewissen bekommen, wenn hier zum Hl Pfingstfest nicht genügend Turbulentes passiert und sich ein Gefühl für das ***Brausen*** des Hl. Geistes absolut nicht einstellen will.

Aber warum sollte Gott nicht so groß sein, die Ausgießung des Hl. Geistes hier und heute ***anders*** geschehen zu lassen als damals, ***anders*** als mit Brausen wie von einem gewaltigen Wind, ***anders*** als mit Wind, Geist, Rauch und Feuer, anders als mit plötzlichem Durcheinander***reden*** und ***-stammeln***? Die Männer und Frauen der Urgemeinde hatten doch auch nicht vor, nach einem bestimmten Plan Pfingsten zu feiern. Sondern es ***war*** einfach so, dass ***Gott handelte***!

In den letzten Tagen - so wie es im Bibelwort heißt - oder auch angesichts der letzten lebensentscheidenden Dinge, wenn es z.B. so um Leben und Tod geht, um Lebensbewahrung und Sieg über den Tod, da sind nicht mehr ***unsere*** Planungen und Taten gefragt, sondern allein ***Gott*** und ***sein*** Handeln und wie ***er*** uns entgegentritt in unserem Wachen und Träumen! Denn wenn wir zusammenkommen, um allein auf ***ihn*** zu hören, dann will er für uns ***da*** sein, dann will er uns ***erschüttern und bewegen,*** dann will er uns ***erfüllen und beleben***.

Und was müssen ***wir*** dann tun, wenn uns Gott ***so*** mit seinem Geist erfüllen und umschließen will? Denn üblicherweise muss man doch etwas tun, damit etwas passiert. Darum: was müssen ***wir*** nun tun? - ***Gar nichts!*** Wir brauchen nur ***still zu sein*** im Gebet vor Gott. Wir brauchen es nur ***endlich*** zu wagen, in unserem Herzen alles vor ihm ***auszubreiten***, was uns das Leben zu ***Last*** und ***Schuld*** macht, was uns ***Angst*** und ***Schmerzen*** bereitet, was uns Sorgen ***um uns*** und unseren ***Nächsten*** und um die ganze ***Welt*** macht.

Wenn wir es wirklich wagen, so in Christi Namen alles in Gottes ***Hände*** zu legen, wenn wir so alle Dunkelheiten und Lähmungen - die selbstgemachten und die erlittenen - als eine ***Last*** begreifen, die Christus für uns ***trägt*** und getragen ***hat***, will dann nicht auf einmal ganz von selbst ein ***neuer Wind*** durch unsere Herzen wehen? Zieht dann nicht schnell ein ***neuer Geist*** in uns ein, der uns das Herz ***leicht und froh*** macht?

Das muss eben ja nicht unbedingt mit ***Flammen und Rauch*** geschehen, mit spitzen ***Ausrufen*** und mit verzücktem ***Tanz***. Und dennoch ist es ***fühlbar***! Der neue Geist, der in uns einzieht, wenn wir mit unserem ganzen Leben allein auf Christus schauen, der ist ***verspürbar***! Da ***passiert etwas*** mit uns! Vielleicht können wir es gar nicht richtig ***verstehen*** oder neugierigen Fragern ***erklären***. Aber da ***passiert*** auf einmal etwas mit uns, und Außenstehende, die merken das ***sofort***. Die verstehen diese Wandlung sofort und brauchen da keinen ***Übersetzer***! Dieses Zeugnis ist ***unabhängig*** von jeder Sprache von ***jedem*** zu verstehen.

Wenn so ein ***neuer Wind, ein neuer Geist*** durch unsere Herzen weht, dann müssen nicht alle die schweren Lasten, die uns auf dem Herzen liegen, ***sofort*** weggeweht sein. Es müssen auch nicht gleich dadurch ***alle*** unsere Sorgen bewältigt sein. Aber wir dürfen doch jetzt ***ganz gewiss*** sein, dass sie uns nicht mehr ***umbringen***! Denn es ist Christus, der alle Tode doch schon für uns gestorben ist. Und wenn du und ich sterben sollten, so fallen wir doch nur in ***seine Hand*** hinein! Was soll also ***uns*** und ***allen***, die als Getaufte von Gottes Geist umschlossen sind, was soll also ***uns*** auf dieser Welt im Kern noch passieren können?

Ja, kann es dann nicht sogar ***sein***, dass so Manches unserer Schmerzen an Körper und Seele, an Trauer, Hilflosigkeit und Jammer ihre Macht über uns verlieren, weil wir durch Gottes Geist endlich haben ***schauen und begreifen*** dürfen, auf welche Weise wir durch solche Nöte auf ***Gott hin*** verwandelt werden sollen? Vielleicht, weil wir auch im ***Traum*** durch den Hl. Geist neue Hoffnung für unser Leben haben ***schauen*** dürfen. Und wenn wir so entdecken können, dass so etwas ***Wunderbares*** und ganz ***Neues*** mit ***uns*** und mit unserem ganzem Leben geschieht, wie sollten wir das für ***uns*** behalten können? ***Müssen*** wir dann nicht davon weitererzählen?

Allerdings kenne ich das auch, dass mancher, wenn er so etwas Wunderbares über sich und sein Leben erfahren hat, erst einmal in sein stilles Kämmerlein muss. Er muss erst einmal so ganz ***für sich*** sein, seinen neu gewonnenen Schatz in aller Ruhe betrachten und sich an ihm freuen. Und das ***darf*** er doch auch!

Aber wie sollte es ihn dann halten können! Irgendwann muss er dann doch davon erzählen und darüber reden! Dann wird er oder sie vielleicht sogar singen, ob im Büro beim Zahlen abtippen oder zu Hause beim Abwaschen. Das ist natürlich alles viel schlichter als damals mit Brausen und Wind unter den Aposteln und Zungen wie von Feuer, aber es ist der ***gleiche Geist***! Aber es ist der gleiche Geist, der die Menschen damals und uns heute um Jesu Christi willen ergreift und erfüllt, froh und dankbar macht, heute und ewig trägt und belebt, und zu neuen Aufgaben in der und für die Gemeinde führt und zu Diensten an anderen Menschen. Darum sei Gott, dem Vater, dem Sohn und dem Hl. Geist, Ehre, Preis und Anbetung heute, am Pfingsttag 2010, und in Ewigkeit.

Amen.

III. TRINITATISZEIT

Predigt über Mt 22, 1-14 am 2. Sonntag nach Trinitatis[11]

Und Jesus fing an und redete abermals in Gleichnissen zu ihnen und sprach: Das Himmelreich gleicht einem König, der seinem Sohn die Hochzeit ausrichtete. Und er sandte seine Knechte aus, die Gäste zur Hochzeit zu laden; doch sie wollten nicht kommen.
Abermals sandte er andere Knechte aus und sprach: Sagt den Gästen: Siehe, meine Mahlzeit habe ich bereitet, meine Ochsen und mein Mastvieh ist geschlachtet, und alles ist bereit; kommt zur Hochzeit!
Aber sie verachteten das und gingen weg, einer auf seinen Acker, der andere an sein Geschäft. Einige aber ergriffen seine Knechte, verhöhnten und töteten sie.
Da wurde der König zornig und schickte seine Heere aus und brachte diese Mörder um und zündete ihre Stadt an.
Dann sprach er zu seinen Knechten: Die Hochzeit ist zwar bereit, aber die Gäste waren's nicht wert. Darum geht hinaus auf die Straßen und ladet zur Hochzeit ein, wen ihr findet. Und die Knechte gingen auf die Straßen hinaus und brachten zusammen, wen sie fanden, Böse und Gute; und die Tische wurden alle voll.
Da ging der König hinein, sich die Gäste anzusehen, und sah da einen Menschen, der hatte kein hochzeitliches Gewand an, und sprach zu ihm: Freund, wie bist du hier hereingekommen und hast doch kein hochzeitliches Gewand an? Er aber verstummte.
Da sprach der König zu seinen Dienern: Bindet ihm die Hände und Füße und werft ihn in die Finsternis hinaus! Da wird Heulen und Zähneklappern sein. Denn viele sind berufen, aber wenige sind auserwählt.

Liebe Gemeinde!

Dass ein König ein anständiges ***Fest*** zur Hochzeit seines Sohnes ausrichtet, das muss man doch schon von ihm ***erwarten***. Warum? Weil etwa so eine Hochzeit Grund wäre, einmal ordentlich vor aller Verwandtschaft und vor aller Welt ***anzugeben*** und zu ***protzen***? Nein, bei einer Königshochzeit geht es um ***ganz etwas anderes***: Und davon merken wir jetzt vielleicht auch etwas bei der anstehenden Hochzeit im schwedischen Königshaus. Es geht doch darum, ob mit der Verheiratung des Königssohnes die ganze ***Zukunftshoffnung*** des Königshauses und damit das ganze ***Selbstbewusstsein*** einer Nation durch die neue Königsfamilie und durch den dann nur ***so*** zu erwartenden Thronerben weitergehen soll.

Von der Hochzeit des Königssohnes ist also darum eigentlich ***jeder*** im Volk betroffen und darum muss man schon davon ausgehen, dass die ganzen Würdenträger und Repräsentanten des Volkes ***selbstverständlich*** bereits von der anstehenden Hochzeit in Kenntnis gesetzt worden waren, sozusagen ***stellvertretend*** für das ganze Volk, das ja als Ganzes in seiner Zukunft durch die Hochzeit am Königshof betroffen ist.

Übrigens, genauso ist ja auch ***jeder*** in seiner Zukunft betroffen, wenn die Bibel vom ***Reich Gottes*** redet und mit einem großen ***Fest*** vergleicht. Ja, Jesus Christus verbürgt es uns, dass am Ende der Welt und unseres Lebens nicht der ***große Knall***, nicht die erschreckende Apokalypse, nicht der dramatische Weltuntergang steht, sondern das große ***Fest***, zu dem alle eingeladen sind aus Ost und West, aus Süd und Nord. Das Fest, in dem alle Tränen abgewischt werden und in dem alle Trauer und alle Schmerzen aufgehoben werden. Das Fest, in dem alles ***gut*** wird und wo man sich mit den so lange Vermissten wieder sehen wird, Das Fest, bei dem alle Lahmen wieder gehen und mittanzen können, bei dem alles Verlorene wieder ***da*** ist. So soll am Ende fröhlich und dankbar unter Gottes Schutz und Schirm ***gefeiert*** werden mit allen Engeln und Erzengeln und alle erfüllt mit dem Heiligen Geist.

Wenn das keine ***wunderbare*** Perspektive ist, wenn das nicht ***aufregend*** ist und einem ***Gedanken*** macht! Das muss doch wirklich ***mindestens*** so sein, als wenn sonst ein großes Fest ins Haus steht, wie etwa eine ***Hochzeit***. Und freuen wir uns bei einer ***Hochzeit*** nicht auch schon im ***Voraus***? Machen wir uns da nicht auch schon im Voraus viele ***Gedanken***? "Wie wird das wohl ***werden***? Was bringe ich mit?" Und übrigens nicht zuletzt: "Wie ziehe ich mich an?"

Ja, so verhalten sich Gäste normalerweise. Aber versetzen wir uns jetzt einmal in die Lage der ***Eltern*** eines Bräutigams oder einer Braut und spitzen es ruhig noch etwas zu. Also jeder weiß es ganz genau: ***jetzt*** gibt es die Hochzeit. Aber wenn es jetzt losgehen soll in unsere Gaststätte „Sibirien" oder in der „Marone" für vielleicht hundert liebe Verwandte und Freunde, ja, lassen Sie uns ruhig annehmen, es sei schon alles ***aufgetragen***, und da kommt ein Telefonanruf nach dem anderen: "Wir haben nun doch keine Lust zu kommen!" - Ich glaube, die Wut und Enttäuschung der Eltern der Brautleute wäre nur zu ***verständlich***.

Aber wenn nun schon in unseren bürgerlichen Verhältnissen die Wut und Enttäuschung der Brauteltern so ***verständlich*** sind, wie es muss es erst um den ***König*** stehen, der zur Hochzeit eingeladen hat! Denn, wie ich schon sagte, da geht es eben nicht um ein Bisschen ***Spaß*** miteinander, sondern um die Zukunft des ***ganzen Volkes***! Und dennoch gehen da ***tatsächlich*** einige Leute lieber auf ihren ***Acker*** oder ***Kaufen*** und ***Verkaufen***, um ein paar Euro ***dazu*** zu verdienen? Ist der König da nicht bewundernswert ***großzügig***, dass er ***noch einmal*** die Boten ausschickt, um ***erneut*** einzuladen. Und ***wieder*** kümmern sich die Leute nicht darum, und andere ***ergreifen*** seine Knechte, ***verhöhnen und töten*** sie. Kein Wunder, dass da der König ***zornig*** wird, seine Heere ausschickt, um diese Verbrecher zu ***bestrafen***.

Übrigens, wenn wir den Zorn dieses Königs nun gut ***verstehen*** können, weil es um das Selbstbewusstsein eines ***irdischen*** Staates geht, also um die Zukunft eines ***irdi-***

schen und ***vergänglichen*** Volkes, wie müsste es eigentlich unserem ***Gott***, dem Herrn über den ganzen ***Kosmos*** gehen, wenn er ***einlädt*** zu dem großen Fest in seinem Reich, zu Erlösung und Wiederauferstehung, zu ewigem Heil und ewiger Heilung - und wir ***scheren*** uns dann nicht darum, sondern interessieren uns vielmehr dafür, ob wir ein paar Euro ***mehr*** in der Lohntüte haben, ob unser Auto einen neuen ***Kratzer*** hat, ob das neue Tortenrezept auch ***schmeckt***, oder ob der linke Zeh ***immer*** noch so juckt.

Wenn wir vorhin ***Verständnis*** dafür hatten, dass der König da zornig wurde, sein Heer ausschickte, um zu rächen und zu strafen, was müsste da der ***allmächtige Gott*** tun? Müsste sich jetzt nicht ***doch*** aus Wut und Enttäuschung alle Festfreude in ***Zerstörung***, in ***Tod, Qual und Verderben*** verwandeln für alle, die die Einladung missachtet haben? Müsste deshalb etwa dieser schnaubende Zorn auch ***uns*** treffen, einen jeden von uns?

Oder können wir uns schnell verkriechen und sagen: "Oh, mit dieser ***ersten*** Einladung des Königs, mit dieser ***ersten*** Einladung zum Reich Gottes, zu Erlösung und Wiederauferstehung, zu ewigem Heil und ewiger Heilung da waren ***wir*** doch noch gar nicht gemeint, denn ***wir*** sind doch ***nicht*** die Großen des Reiches, wir sind doch keine gewählten Repräsentanten, wir sind doch nur kleine Leute, die immer nur von den Großen und Mächtigen vertreten werden. Wir sind doch nur ***kleine Leute,*** die ***nie*** an den großen Festbanketten und Empfängen teilnehmen, selbst wenn dabei Dinge verhandelt werden, die unsere Zukunft unmittelbar betreffen."

Jedoch erzählt uns Jesus nun ja sein Gleichnis vom Reich Gottes ***weiter***. Und jetzt werden ja mit einem Male ***alle persönlich*** mit einbezogen. Denn weil die zuerst eingeladenen Großen, Mächtigen und Auserwählten meinten, sich nicht um ihre Zukunft scheren zu müssen, darum geht die Einladung jetzt ***weiter***. Und so heißt es ja: "Und die Knechte gingen auf die Straßen hinaus und brachten zusammen, wen sie fanden, Böse und Gute; und die Tische wurden alle voll."

Stellen wir uns das jetzt einmal eine vergleichbare Situation vor: Wenn wir etwa plötzlich und unvermutet eine Einladung zum ***Chef*** bekommen würden, oder plötzlich und unvermutet eine Einladung zum Empfang mit einem ***Staatsoberhaupt*** oder ins ***Fernsehen*** oder zu einem ***Superstar***, vielleicht mit Lena oder Thomas Gottschalk? Würde einem da nicht sofort in den Kopf schießen: "Was zieh ich denn nun ***an***? Was ist ***angemessen***? Wie sehe ich denn gut ***aus*** und was ***steht*** mir?"

Aber halt! Was ist jetzt mit ***denen***, die zu solchen Festlichkeiten oder zu einer Hochzeit mit ihren ***Gartenklamotten*** kommen? Nein, nicht die, die nichts anderes anzuziehen haben, sondern ***die***, die ihr gutes Kleid oder ihren guten Anzug im Schrank hängen lassen, und mit den ausrangierten ***Lumpenstücken*** erscheinen. Ja, was würde das denn eigentlich bedeuten, wenn jemand zu solchen Festlichkeiten oder zu einer Hochzeit mit den ollen Sachen kommt, mit denen er immer seinen Keller aufräumt?

Die Botschaft ist eindeutig: So ein Gast ***beleidigt*** den Gastgeber. So ein Gast nimmt den Gastgeber nicht ***ernst***. Darum ist der Zorn des Königs und die Bestrafung des frechen Gastes ***wohl verständlich***. Denn so ein Gast beleidigt nicht nur den Gastgeber, sondern verachtet dessen Zukunft. Er verachtet den ***König*** und den ***Königssohn*** und das ganze ***Volk***, für dessen Selbstverständnis der König und das königliche Geschlecht steht.

Aber was heißt das alles nun für die Zukunft des ***Reiches Gottes***? Wer ist denn ***gemeint*** mit den Menschen, die kein hochzeitliches Gewand anhaben? Sind damit etwa ***diejenigen*** gemeint, die zum Sonntagsgottesdienst nicht in ihrer Sonntagskleidung kommen? Gewiss Sonntagskleidung hat eine Menge ***für*** sich und für viele wird es auch erst richtig festlich und froh am Sonntag, wenn man die Sonntagskleidung ***an*** hat. Aber vielleicht ist etwas anderes ***wichtiger***. Denn das hochzeitliche Gewand ist ja ein ***Bild***, ein Bild für etwas ganz ***Selbstverständliches***, das eigentlich zu ***jeder*** Feier gehört: Denn zu jeder richtigen Festlichkeit gehört doch ***selbstverständlich*** die Vorbereitung auf das Fest dazu, aber bitte nicht vergessen, die ***freudige*** Vorbereitung. Sonst wird es kein schönes Fest.

Und genauso selbstverständlich ist es eben mit dem ***Reich Gottes*** und unserer ***Zukunft*** in Gottes guter Hand: ***Selbstverständlich*** gehört die Vorbereitung für das Fest im Reich Gottes zum Leben eines Menschen, eben die ***freudige*** Vorbereitung. Und da können wir uns eben nicht eine Eintrittskarte in das Reich Gottes erzwingen oder einklagen, indem wir mürrisch und verkrampft Lebensleistung auf Lebensleistung häufen, um uns damit gefälligst die Eintrittskarte ***sichern*** zu können. Nein, die Einladung Gottes erreicht uns ***ohne*** Kosten und ***ohne*** Krampf. Aber wir müssen sie schon ***lesen***, wir müssen uns schon die ***Zeit*** nehmen und dann unsere Planung und Vorbereitungen darauf ***ausrichten***. Aber eben nicht mit Angst und Zittern, wenn wir dann einmal vor dem großen Einladenden stehen, sondern mit Freude und Dankbarkeit, dass sogar wir als ***kleine*** Leute ***tatsächlich*** eingeladen sind zu dem ***größten Fest aller Zeiten***.

Und wenn wir es gelegentlich schon erleben, wie Freunde oder Verwandte, die zu einer Hochzeit eingeladen sind, sich so sehr in der Vorbereitung freuen, dass es einen förmlich ***ansteckt***, müsste das nicht bei der Einladung zum Fest im Reiche Gottes noch viel ***mehr*** gelten, dass man nämlich seine Freude und seine Hoffnung und seinen Trost ganz selbstverständlich mit anderen ***teilt***? Dass man vielleicht genauso, wie man so großzügig zu diesem großen Fest ***eingeladen*** ist, genauso ***großzügig*** gegenüber anderen ist, denen es auf dieser Welt schlecht geht?

Gewiss, mir ist ***bekannt***, wie häufig das Sensationelle dieser großzügigen Einladung Gottes im Alltagsbetrieb ***überwuchert*** wird von tausend Kleinigkeiten. Ich glaube sogar, dass wir es allein gar nicht schaffen, uns von allein immer wieder, dieses Besondere dieser Einladung Gottes vor Augen zu führen. Umso ***wichtiger*** aber, dass Gott uns in Christus zur ***Seite*** steht, der uns einfach bei der Hand nimmt, damit wir den Weg zum großen Hochzeitsmahl nicht verfehlen. Und wenn wir uns so auf Christus und seine Führung verlassen, dann ist das vor Gott so, wie das ***allerschönste Festtagsgewand***, in dem wir voller Freude dann im Reiche Gottes zu Tische sitzen dürfen mit allen anderen, die fröhlich kommen aus West und Ost aus Nord und Süd. Das schenke der allmächtige Gott uns allen.

Amen.

Predigt über Apg 2, 41a.42-47 am 7. Sonntag nach Trinitatis[12]

Die nun sein Wort annahmen, ließen sich taufen ... Sie blieben aber beständig in der Lehre der Apostel und in der Gemeinschaft und im Brotbrechen und im Gebet. Es kam aber Furcht über alle Seelen, und es geschahen auch viele Wunder und Zeichen durch die Apostel. Alle aber, die gläubig geworden waren, waren beieinander und hatten alle Dinge gemeinsam. Sie verkauften Güter und Habe und teilten sie aus unter alle, je nach dem es einer nötig hatte. Und sie waren täglich einmütig beieinander im Tempel und brachen das Brot hier und dort in den Häusern, hielten die Mahlzeiten mit Freude und lauterem Herzen und lobten Gott und fanden Wohlwollen beim ganzen Volk. Der Herr aber fügte täglich zur Gemeinde hinzu, die gerettet wurden.

Liebe Gemeinde!

Was ist das für ein Bild, das uns dieser Bericht aus der Apostelgeschichte vor Augen stellt! Und sicherlich denkt mancher: Ja, in der Urgemeinde, da war offenbar noch alles in Ordnung. Und nicht nur ***das***! Sondern es gab ja auch Wunder und Zeichen durch die Apostel, die manche verblüfften oder gar erschreckten. Offenbar war das alles noch genau so, wie es wunderbar in der leiblichen Gegenwart Jesu erfahren worden war, und wie es dann nach dem Pfingstereignis war, als der Hl. Geist brausend vom Himmel gestürmt war, und sie alle erfüllt, begeistert und mitgerissen hatte. So erfüllt und begeistert konnte man wirklich gut miteinander leben, und konnte natürlich auch selbstverständlich miteinander ***teilen***, einander ***helfen*** und so Gott die ***Ehre*** geben und ***Wohlwollen*** beim ganzen Volk finden.

Jetzt kann man nicht drum herum reden: das ist ein gewaltiger Kontrast zu unserer Gegenwart und wie gegenwärtig Christenmenschen miteinander leben in Stadt und Land, Familie und Kirche! Und stimmt damit etwa dieses damals bissig gemeinte

Wort, das man vor gut hundert Jahren von Alfred Loisy hören konnte: „Jesus verkündigte das Reich Gottes und es kam die Kirche"[13]?

Und da ist eins auf jeden Fall richtig: Nach dem brausenden begeisterten Anfang in der Urgemeinde, da kam dann eben ***nicht*** die heiß ersehnte neue gesellschaftliche Ordnung in den Familien oder in den Dörfern, oder in den Staaten der Erde! Da kam dann eben ***nicht*** die so sehr gewünschte Befreiung von der römischen Besatzung und von manchen widerlichen auswärtigen heidnischen Bräuchen. Und es kam dann auch ***nicht*** zu der von vielen erhofften Auflösung der Herrschaft über Grund und Boden, in der viele schon seit Urzeiten und durch die Zeiten immer wieder das Erbübel der Menschheit sahen[14]. Aber genau wegen dieser Hoffnung, war ja das, was sich da in der Gütergemeinschaft der ersten Christen abzeichnete - und was manche als „Urkommunismus" verstanden - für alle Zeiten so bemerkenswert.

Aber was kam nun ***tatsächlich*** nach all diesen heiß ersehnten Zeichen der Hoffnung? Was etablierte sich nach so verheißungsvollen Anfängen, nach einiger Zeit der Verfolgung und Anfangsschwierigkeiten?

Letztlich etablierte sich dann übers ganze Mittelalter eine Großorganisation, mit Machthabern und Aufsichtsbeamten, mit Pfarr-Herren und niederen Beschäftigten oder manchmal sogar Sklaven. Und bald verfügte sie selbst über Grund und Boden, und war offenbar gar nicht mehr so am Nahen des vorher so sehr herbeigesehnten Reiches Gottes interessiert. Denn der ***Kult***, der ***Betrieb***, das ***Gemeinschaftsleben*** mussten doch weitergehen.

Und man musste einfach auch schauen, wie man sich mit der ausklingenden römischen oder dann mittelalterlichen Gesamt-Gesellschaft arrangierte. Zum Überleben musste man sich anstrengen in Handel und Wandel, aber auch in den Auseinandersetzungen um Macht und Einfluss, um Staatsgebiet und Interessensphären. Und man musste auch klug sein im Gespräch mit den Geistesgrößen der Zeit und hatte daher so viel zu lesen und zu studieren. Das band eben viele, viele Kräfte.

Kein Wunder, dass da manchen bald das ***Grausen*** packte, weshalb er dann schlicht seine Sachen packte, und hinausging, die ***Einsamkeit*** und ***Abgeschiedenheit*** und damit das ***ehrliche*** Leben in der Wüste zu suchen. Und auch andere packten dann ihre Sachen, und gingen hinaus, um in einer ***Mönchsgemeinschaft*** genau ***das*** zu suchen, was sie offenbar in diesem großen neuen Gebilde verloren gegangen fühlten.

Stattdessen fühlten sie etwas ganz ***anderes***. Sie fühlten eben, dass doch jeder, der in rechter Weise vom Hl. Geist erfüllt, begeistert und mitgerissen war, dass der irgendwie alles ***hinter sich*** lassen musste, was es an üblichem Leben gab. Und dass der sich auch ***berufen*** fühlen musste, nun auch Ernst zu machen, mit dem andauernden Gebet, mit den gemeinsamen Mahlzeiten und mit der Gütergemeinschaft.

Und so suchten damals in der mittelalterlichen Gesellschaft viele in den Mönchsorden die ***ideale christliche Gemeinschaft***. Und vielleicht haben wir es noch nicht vergessen, wie auf diese Weise viele und mächtige Mönchsorden entstanden sind. Und dass in den Mönchsorden bald das Selbstbewusstsein wuchs: ***„Wir allein*** sind es, die dem Ruf Christi ***wahrhaft*** folgen! ***Wir allein*** sind es, die darum allein die ***richtigen und vollkommenen Christen*** sind, in andauerndem Gebet, mit gemeinsamen Mahlzeiten und in Gütergemeinschaft. Aber ihr anderen, ihr seid das alles ***nicht***. Eigentlich kann man euch darum gar nicht richtig ernst nehmen. Eigentlich seid ihr so richtig nichts wert. Aber immerhin, wir geben euch die Chance, uns zu unterstützen, damit wir für euch beten und für euch die christlichen Ideale hochhalten."

Und auch das haben wir vielleicht noch aus unserem Geschichtsunterricht in Erinnerung, dass auf diese Weise das ganze Mittelalter von dieser Aufteilung und Arbeitsteilung durchzogen ist.

Aber war das denn ein ***guter*** Weg? Jedenfalls ***kein*** guter Weg für uns normale Menschen. Denn für uns gab es ***keine Chance***. Denn nur die ***Berufenen***, konnten es richtig machen. Allein ***denen*** schien ***Geist*** und ***Begeisterung***, vollkommene ***Gemeinschaft*** und ***Gottesnähe*** versprochen. Natürlich war man sich damals schon klar, dass da nicht alles von selbst ging. Man musste etwas dafür tun. Auch die großen Gründer der Mönchsorden wussten, dass ein in den angeblich so idealen Stand als Mönch Berufener sich ***mühen*** musste. Und deshalb gab es ganze Kataloge von schweren mönchischen Übungen und Prüfungen, Vorschriften und Anweisungen.

Aber konnte man denn auf diese Weise letzte Lebenserfüllung, Geist und Begeisterung, frohes Gebet und herzliches Miteinanderteilen erzwingen? Nein! Das Schlimme war, dass das einfach ***nicht gelang***, auch nicht durch die ***frommsten*** mönchischen Übungen.

Am Ende war dieser Versuch unglaubwürdig. Und vielleicht haben wir es noch nicht vergessen, dass ***Martin Luther*** es war, der wieder entdecken durfte, dass von Christus alles doch ganz anders gedacht war, als es sich so entwickelt hatte, nämlich dass ***wir*** doch ***alle*** von Christus berufen sind, dort wo wir lebten und stehen, zur Ehre Gottes und dem Nächsten zu Nutze tätig zu sein. In jedem unserer Berufe, egal, was wir auch an ehrlicher Arbeit und Handwerk erlernt hatten, ist uns erlaubt und geboten, erfüllt und froh zu arbeiten. Und so hat dann die Reformation mit ihrer Begeisterung alles bis dahin Entwickelte fortgespült und es begann tatsächlich ein ***neues Zeitalter***.

Und dazu gehörte natürlich auch, dass alle Christenmenschen nun ernsthaft darüber nachdachten, wie man denn in der modernen Welt als Christ wahrhaftig und glaubwürdig leben konnte. Und Gütergemeinschaft, das hatte man damals verstanden, das war dann doch kein Allheilmittel, das man deshalb verordnen musste[15]. Allerdings wohl dem, der Güter stiftete, damit den Bedürftigen geholfen werden konnte. Das war ein großes Zeichen der Dankbarkeit! Darum kein Zwang, Güter der Gemeinschaft zu stiften, sondern nur die freie Gabe der Dankbarkeit.

Und dass dann in der Folge der Reformation nicht nur die Kirchengemeinden, sondern auch die Kommunen und Städte Hilfen für die Armen bereitstellten, das kostete die ganze Christenheit viel Kraft, aber war doch etwas Großartiges. Nein, wir sollten unsere Gesundheitsfürsorge und unsere soziale Absicherung nicht schlecht reden - egal über welche ihrer konkreten Probleme wir in den Nachrichten immer wieder hören können.

Aber das, was wir gegenwärtig an Sozialversicherung haben, soll letztlich in moderner Zeit etwas spiegeln von dem, was in der ersten Christenheit mit so viel Begeisterung begann, dass eben Güter und Habe ausgeteilt wurden unter alle, je nach dem es einer nötig hatte.

Natürlich werden die Mittel dazu heute mit Zwangsabgaben und Steuern erhoben. Aber verlieren diese Zwangsabgaben nicht letztlich ihren Zwang - und vielleicht mag ich sie sogar gern geben - , wenn ich einsehen kann, wie ***nötig*** sie im Dienste der ***Nächstenliebe*** sind? Nein, es sollten darum unsere weltweit beachtlichen Maßnahmen zur sozialen Absicherung nicht schlecht geredet werden, wenn wir sie alle letztlich von Herzen mittragen können.

Und wenn dann so die Frage der Gütergemeinschaft als Unterschied zur Urgemeinde entfällt, so kann da heute doch trotzdem viel Gemeinsames sein. Denn die Freude darüber, dass Christus von den Toten auferstanden ist und dass darum Gottes Liebe stärker ist selbst als der Tod, die kann doch heutzutage genauso herrschen wie damals.

Und darum könnten wir auch heute genauso erfüllt und begeistert miteinander leben, Gebet und Fürbitte halten, zu Hause und im Gottesdienst, einander helfen und auf diese Weise Gott die Ehre geben und Wohlwollen beim ganzen Volk finden.

Und warum sollten wir nicht auch heute erfüllt und begeistert mit Freude und lauterem Herzen Gott loben. Denn Grund dafür haben wir doch genug! Und wenn es dem Herrn gefällt, so wird er auch heute täglich Menschen zur Gemeinde hinzufügen, die gerettet werden. Das müssen nicht täglich Tausende sein, jedenfalls nicht hier bei uns, aber durchaus in anderen Teilen der Welt. Aber seien wir nicht zahlenhörig. Sondern freuen wir uns von Herzen darüber, dass der Herr auch heutzutage immer wieder unter uns Menschen zur Gemeinde hinzufügt und errettet. Gott sei Dank, jetzt und bis in alle Ewigkeit.

Amen.

Predigt über Joh 9,1-7
am 8. Sonntag nach Trinitatis[16]

Und Jesus ging vorüber und sah einen Menschen, der blind geboren war. Und seine Jünger fragten ihn und sprachen: Meister, wer hat gesündigt, dieser oder seine Eltern, dass er blind geboren ist? Jesus antwortete: Es hat weder dieser gesündigt noch seine Eltern, sondern es sollen die Werke Gottes offenbar werden an ihm. Wir müssen die Werke dessen wirken, der mich gesandt hat, solange es Tag ist; es kommt die Nacht, da niemand wirken kann. Solange ich in der Welt bin, bin ich das Licht der Welt. Als er das gesagt hatte, spuckte er auf die Erde, machte daraus einen Brei und strich den Brei auf die Augen des Blinden. Und er sprach zu ihm: Geh zum Teich Siloah - das heißt übersetzt: gesandt - und wasche dich! Da ging er hin und wusch sich und kam sehend wieder.

Liebe Gemeinde!

Sicherlich erzeugt dieses Bibelwort zunächst einmal bei vielen ***Widerspruch***! Denn da sagen die Einen: „Warum denn jetzt eine Geschichte über Krankheit? Das ist doch überhaupt nicht unser Thema. Denn wir wollen doch ***Spaß***. Und alles andere interessiert uns nicht." Und andere fügen vielleicht noch hinzu: „Wir sind ***gesund***. Und wir sind auch froh darüber. Und wir wollen hier auch nichts herbeireden! Also lassen wir gefälligst alles, was uns irgendwie an Krankheit erinnert."

Aber dann gibt es auch Widerspruch von denen, die etwas von Krankheit wissen. Und das könnten zunächst einmal Ärzte sein, die mir dann sagen: „Du bist doch gar kein Fachmann. Und die Bibel ist kein medizinisches Fachbuch. Also bist Du für diese Fragen gar nicht zuständig."

Und dann gibt es noch andere, die aus persönlicher Erfahrung viel von Krankheit wissen, und die fassen sich an Kopf und fragen: „Was sind denn ***das*** für ***Fragen***, die die Jünger damals hatten. Denn wer käme heute schon auf die Idee, bei einem blind geborenen zu fragen, ob ***er*** oder seine ***Eltern*** gesündigt hätten? Was ist das für eine überholte und einfach verdrehte Denkweise?! Denn was sollte wohl ***Sünde*** oder ***Schuld*** mit ***Krankheit*** zu tun haben?! Und überhaupt „Sünde" und „Schuld", das sind doch nur Themen für Überspannte, also für Leute, die „nicht gut drauf" sind, wie unser jungen Leute heute sagen, also für Leute, die im modernen Leben nicht zurecht kommen.

Das ist insgesamt nicht wenig Widerspruch gegen den biblischen Bericht über Krankheit, und vor allem auch dagege, wie Jesus mit Krankheit umgeht und sie heilt.

Aber vielleicht mögen Sie sich trotzdem ein wenig auf diesen Bericht einlassen. Allerdings kommen wir da nicht weiter, wenn wir zuvor nicht geklärt haben, was denn eigentlich Krankheit für den modernen Menschen ist. Und da wissen wir, dass sich viele Krankheit so vorstellen wie einen kleinen Unfall. Und was macht man z.B. bei einem Autounfall? Da geht man doch in die ***Reparaturwerkstatt***. Und die sehen viele im ***Krankenhaus***. Und sie erwarten, dass dann dort alles wieder zurecht geschraubt und genäht wird und dann es alles weiter geht wie bisher.

Ja, genauso stellte sich das auch der junge Mann vor, der in einer Motorrad-Raserei verunglückt war, und dann mit vielen Knochenbrüchen im Krankenhaus zu liegen hatte. Als ihn nun der Arzt nach vielen Operationen und einem monatelangen Heilungsprozess mit der Ermahnung entließ, nicht noch einmal so wild zu fahren, um ja nicht ***wieder so*** im Krankenhaus zu landen, was antwortete da dieser junge Mann? Er antwortete dem Arzt: „Aber wieso denn? Wenn ich wieder einen Unfall habe, dann werden Sie mich gefälligst ***wieder*** so zusammen flicken, denn das ist doch Ihre verdammte Pflicht und Schuldigkeit. Dafür werden Sie doch auch bezahlt." Sie können sich vorstellen, dass dem Arzt bei diesen Worten beinahe die Galle überlief.

Aber insgesamt ist ***das***, was man von diesem flotten jungen Mann mit seinen etwas patzigen Ansichten hören konnte, eine ***Ausnahme*** im großen Kreis der Krankenhauspatienten, die ich besucht habe. Offenbar haben viele Menschen angesichts von Leid und Krankheit ganz unwillkürlich völlig ***andere*** Gedanken. Denn viel, viel häufiger habe ich, und sicherlich die Krankenschwestern und Ärzte genauso, ganz ***anderes*** gehört: Nämlich immer die gleiche Frage der Erkrankten gestöhnt, gejammert, geflüstert: „Warum gerade ***ich***? Warum muss ***ich*** so leiden?" „Warum werde ich von Fieberträumen geschüttelt? Warum liege ich hier mit lahmen und zerschlagenen Gliedern?" „Herr Pastor, was habe ich denn ***getan***? Ja, was habe ich denn getan, dass ich so krank geworden bin, dass ich diesen entsetzlichen Unfall hatte?"

Und manchmal bin ich fast erschreckt darüber, mit was für einer ***Bestimmtheit*** mir dann Kranke ***Gründe*** für ihr Leid nennen können und wollen. So manches Mal habe ich dann gehört: „Weil ich so leichtsinnig und verantwortungslos gelebt habe, ***deshalb*** ist mein ganzer Leib von Krebs durchwuchert. Beten Sie für mich, Herr Pastor!" „Weil ich gearbeitet habe bis zum Umfallen und alle verachtet habe, die es ***nicht*** konnten wie ich, darum liege ich jetzt hier und kann mich nicht rühren und komme mir so entsetzlich ***nutzlos*** vor!" „Weil ich eine schwere ***Schuld*** auf mich geladen habe, darum liegt es mir hier, Herr Pastor, genau hier, wie ein ***Stein*** auf meinen Lungen."

Aber nahezu ohnmächtig und stumm können einen die Erbkrankheiten machen: „Ich bin Bluter, Herr Pastor, mein Vater war es auch schon. Was soll ich da machen?" „Meine Großmutter und meine Mutter sind schon an Krebs gestorben und nun bin ich hier im Krankenhaus mit genau denselben Beschwerden. Habe ich das verdient? – Darum: Wer heute ***wirklich*** um Krankheit weiß und auch um Sünde und Schuld, der kommt auch heute nicht darauf, diese Frage der Jünger in unserem Bibelwort zu belächeln.

Aber was für eine ***Antwort*** ist es denn, die Jesus da den Jüngern und uns gibt? Er reißt unser Denken und Fühlen aus dem auch in ***unserer*** Zeit unerbittlich und tückisch wirkenden Kreislauf von Sünde, Schuld und Krankheit heraus. Nein, es ist ***nicht zwangsläufig***, dass Krankheit über mich kommt, weil ich sie mir durch Schuld, Leichtsinn oder im Wiederholungszwang der Generationen auf mich gezogen habe. Sondern es kann genauso gut sein, dass ich krank werde, damit Gottes ***Heil schenkendes Handeln*** an mir groß werden kann.

Einerseits sind das für uns moderne Menschen ***unerträgliche*** Worte. Und wer würde es heute wagen, einem in seiner Krankheit verkrümmten Menschen ein solches Wort auf den Kopf zuzusagen? Da müsste man die Befürchtung haben, dass sich ein Kranker in seinem Leid nur ***verhöhnt*** fühlte - ***zu Recht***, wenn weder ***ich*** noch ***er*** damit rechnen könnte, dass Gott ***tatsächlich*** Heil und Heilung schenken kann.

Aber was für ein ***hilfreiches*** Wort kann das für einen Kranken sein, der sich in fieberverkrampften Phantasien über Schuld, Sünde und Strafe selbst zu verlieren droht, oder der in den schlaflosen und durchgrübelten Nächten um ***Sinn*** und ***Verstand*** zu kommen droht.

Aber auf welche Weise kann da diese Antwort Jesu wirklich ***groß*** und ***hilfreich*** werden? Doch genau, indem ich sie in mein Leben ***hinein*** nehme. Und egal, ob ich nun in meinem Grübeln und Phantasieren über Schuld, Sünde und Strafe zu einem Ende komme oder auch nicht, wenn ich ***Jesus glauben kann***, dann wird meine Krankheit und Hilflosigkeit auch dazu da sein, mich selbst und andere erfahren zu lassen, wie Gott ***wunderbar wirkt***, wie Gott aus tiefster Zerstörung ***Gesundheit*** und ***Leben*** schenken kann, vor allem aber, wie Gott aus tiefster Zerrissenheit und Verzweiflung ***heraushilft*** und ***sehend*** macht, Seelenfrieden und Mut schenkt zum Leben und zum Sterben.

Und vielleicht kann dann einen sogar die Gewissheit darüber fast ***umwerfen***, dass es gerade ***mein*** Körper und ***mein*** Geist ist, den Gott für sich auserwählt hat, um ein wunderbares Zeichen zu setzen. Dass Gott ausgerechnet ***mich*** auserwählt hätte, um seinen Frieden ausgerechnet an ***mir*** und ***meinem*** Leiden wachsen zu lassen.

Und das läge dann weiß Gott ***nicht*** daran, dass ich in meinem bisherigen Leben besonders tüchtig, besonders fromm oder besonders benachteiligt gewesen wäre. Solche Dinge sind von dem Blinden am Wege auch gar nicht berichtet. Nein, er hielt einfach nur ***still***, als Jesus ihm die Augen mit dem heilenden Brei bestrich, und tat dann, was Jesus sagte. ***Großartig***! Das allein ***reicht***!

Ja, offenbar müssen wir nur ***still*** halten, damit Jesus uns Gutes tun kann und wir zum Glauben kommen, dass wir vielleicht „gegen allen Augenschein" ***glauben***, darauf ***vertrauen*** können, dass in den dunkelsten Lebenssituationen Gott bei uns ist und uns nicht allein lässt. Offenbar müssen wir nur ***still*** halten, damit wir durch Jesus lernen ***zu sehen***, damit wir nicht in Blindheit ***gefangen bleiben***, in dem Gestrüpp selbst gestellter Fragen und selbstentworfener Antworten, aus dem wir einfach nicht mehr herausfinden.

Allerdings zeigt uns unser biblischer Bericht auch, dass es dann nicht bei dem Stillhalten ***bleibt***. Denn wozu fordert Jesus den Erblindeten dann überraschend auf, nachdem er ihm den heilenden Erdschlamm auf die kranken Augen gestrichen hatte? Er soll ihn im Teich Siloah abzuwaschen. Jesus lässt dann also den Blinden ***selbst tätig*** werden – und er wird dann damit auch ***gesandt***, wie es der Name des Teiches ja sagt. Der Blinde musste sich also ***selbst*** auf den Weg machen. Er muss es schon ***wollen***, geheilt zu werden. Und da ist richtig spannend zu begreifen, dass der Blinde ja Jesus nicht sehen konnte, aber ihm dennoch ***gehorsam*** war. Denn er ***hörte*** ihn und tat, was er gehört hatte. Er folgte also damit „***blind***" der Aufforderung Jesu. Er verließ sich damit also auf das Wort Gottes und wusste, dass Gott Gutes mit ihm vor hatte. Und dann kam mit diesem Sich-auf-den-Weg-machen des noch in der Blindheit Gefangenen die ***Heilung***.

Ja, wenn wir genauso „***blind***" der Aufforderung Jesu folgen könnten und uns so darauf verlassen, dass Gott Gutes mit uns vor hat, was würde das Heilsames mit ***uns*** machen!? Dann würden wir doch erhellt und erleuchtet und würden nach allem Stillhalten erfahren, wie dann ganz von selbst neue Impulse und Orientierungen kämen - und auch Aufträge, nämlich in die Welt gesandt zu werden. Denn der Geheilte kann gar nicht seine Gottes- und Heilungs-Erfahrung für sich behalten. Sondern so, wie ihm Gott die Welt und das Leben hell gemacht hat, so weiß er sich nun von Gott in die Welt gesandt, damit es ebenfalls für ***andere*** Tag wird. Wem von Gott die Augen geöffnet sind, der kann eben gar nicht mehr wegschauen, wenn andere Menschen in Not und Elend sind, dem springt einfach das Leid in die Augen in unserer näheren und weiteren Umgebung und alle Sehnsucht danach, dass endlich diese Dunkelheit weicht. Die Augen der Liebe sehen hier viel zu helfen und das Wort von Gottes Hilfe weiterzusagen. ***Das*** musste Jesus seinen Jüngern vor Augen führen und sie damit wie den Blinden zum Sehen führen.

Gott sei Dank, dass Jesus und sein erhellendes Wort uns immer begleiten, dass dieses Licht noch in der Welt ist und uns helle Einsicht und gute Absicht schenkt. Aber wehe uns, wenn eine Zeit kommen sollte, in der nur noch Dunkelheit und graues Schweigen vom Himmel kommt, in der niemand mehr herausbrechen kann aus dem Teufelskreis von Sünde und Schuld, Strafe und Krankheit, in der Schmerzen vergeblich ertragen, Tränen nutzlos vergossen und ohne Hoffnung getrauert wird. Wehe uns!

Aber Gott sei Dank, ***ist noch*** Zeit der Heilung und des Heils, und ***ist*** das Licht ***noch*** in der Welt. Gott sei Dank, brauchen wir jetzt immer noch nur vor Jesus und seinem Wort vertrauensvoll stille zu halten, uns die Augen öffnen zu lassen, und dann zu tun, was er uns sagt.

Gott sei Dank, hat uns Jesus aus unbegreiflichen Gründen ausgewählt, um an unserem Körper und Geist sein ***heilsames*** und ***tröstliches*** Wirken offenkundig zu machen jetzt und in Ewigkeit. Gott sei Dank!

Amen.

Predigt über Eph 2,4-10
am 11. Sonntag nach Trinitatis[17]

Gott, der reich ist an Barmherzigkeit, hat in seiner großen Liebe, mit der er uns geliebt hat, auch uns, die wir tot waren in den Sünden, mit Christus lebendig gemacht - aus Gnade seid ihr selig geworden -; und er hat uns mit auferweckt und mit eingesetzt im Himmel in Christus Jesus, damit er in den kommenden Zeiten erzeige den überschwenglichen Reichtum seiner Gnade durch seine Güte gegen uns in Christus Jesus. Denn aus Gnade seid ihr selig geworden durch Glauben, und das nicht aus euch: Gottes Gabe ist es, nicht aus Werken, damit sich nicht jemand rühme. Denn wir sind sein Werk, geschaffen in Christus Jesus zu guten Werken, die Gott zuvor bereitet hat, dass wir darin wandeln sollen.

Liebe Gemeinde!

Aus unserem Bibelwort da stürzen so viele gewichtige Worte wie Gott, Christus, Liebe, Sünde, Barmherzigkeit und Gnade auf uns zu. Aber vielleicht sind das einfach zu ***viele***, um die Botschaft gleich zu verstehen. Und deshalb kann man schon ganz automatisch nicht mehr weiter richtig zuhören, zumal diese Begriffe meist nicht zu unserem Alltagssprachgebrauch gehören. Besonders das Wort „Gnade" scheint ***völlig altertümlich*** zu sein und darum möglicherweise jungen Menschen ***vollkommen unverständlich***.

Allerdings hat mancher von uns Älteren noch gut in Erinnerung, wie man früher häufig sagte: „Gnädiger Herr oder gnädige Frau". Jedoch vielleicht haben wir dabei noch genauso in Erinnerung, dass dabei manchmal weder der Herr noch die Frau ***tatsächlich*** gnädig und damit barmherzig waren, sondern nur ***herrisch*** oder ***aufgeblasen***. Und dass deshalb diese Rede nur eine Art Schmeichelei war und insofern kein ernsthafter Gebrauch dieses gewichtigen Wortes Gnade. Offenbar taucht also ein ernsthafter Gebrauch des Wortes Gnade in unserem normalen Leben gar nicht mehr auf. Was heißt das aber? Dürfen wir das nun etwa als eine große ***Errungenschaft*** feiern, weil man heutzutage eben ***nicht mehr*** auf die Gnade irgendwelcher Damen und Herren angewiesen ist?

Oder könnte das auch ein Zeichen dafür sein, dass wir in einer ***ungnädigen***, also unbarmherzigen Zeit leben, in einer Zeit, die etwa ***Fehler*** und ***Missgeschicke*** nicht verzeiht, womit ja offenbar die vielen Rücktritte in Politik und Kirche zu tun haben.

Aber wenn das tatsächlich ***wahr*** ist, dann müsste uns das nachdenklich stimmen. Denn vom Aufwachsen unserer Kinder wissen wir doch, dass man vielfach nur aus Fehlern lernt, und dass Kinder beim Laufenlernen erst einmal viel und tüchtig ***hinfallen*** und auch hinfallen ***müssen***. Und trotzdem ist es in unserer modernen und erwachsen gewordenen Welt so, dass Gnade und Barmherzigkeit unbekannt, und gnädiges, barmherziges und liebevolles Vergeben von Fehlern nicht üblich ist. Warum?

Das könnte daran liegen, dass wir meist glauben, alles aus eigener Kraft und Machtvollkommenheit ***selbst*** und ***perfekt*** machen zu können. Konsequenterweise ***müssen*** deshalb Fehler ***unverzeihlich*** sein. Deshalb können Fehler heutzutage meist ***nicht mehr*** gnädig vergeben werden, sondern müssen ***unbarmherzig*** verfolgt werden. Oder etwa nicht?

Aber schauen wir doch einmal in die Betriebe: Werden dort nicht Mitarbeiter, die Fehler machen, erst streng ***abgemahnt*** und dann unbarmherzig ***herausgeworfen***? Und erinnern wir uns an den Umgang in der Politik: Politiker, die Fehler machen, werden doch, wenn sie nicht schnell zurücktreten, von den Zeitungen und Fernsehsendern bis zum Letzten ***bloßgestellt*** und dann unbarmherzig ***ausgezählt***.

Nein, Gnade und Barmherzigkeit scheinen in unserem Lande nicht mehr ***wirklich*** bekannt zu sein. Aber wenn das stimmt, dann muss man sich nicht mehr darüber wundern, dass man auch keine Vorstellung mehr davon hat, was der ***innere Gehalt*** von Gnade und vor allem von der ***Gnade Gottes*** ist. Dann fehlen einem einfach die Voraussetzungen dafür, diesen Satz des Apostels verstehen zu können: „Aus Gnade seid ihr selig geworden durch Glauben, und das nicht aus euch: Gottes Gabe ist es." Dabei sollte das eigentlich etwas ***Sensationelles*** sein, was einen bis in die Haarspitzen ***elektrisieren*** sollte. Aber in unseremn Sensations-Medien, da wird über ***alles andere*** berichtet, was spannend ist und elektrisiert, aber ***nirgends*** über die Gnade Gottes. Oder ist Gnade vielleicht zu klein und zu unbedeutend, um in den Medien und unter uns erwähnt zu werden?

Aber vielleicht hilft hier eine Geschichte weiter, die von einem weisen König aus alter Zeit erzählt wird. Und damals waren ja die Könige noch unbestrittene Herren über Tod und Leben ihrer Untertanen. Sie waren darum auch oberste Richter, was sich für uns teilweise ***hart*** und ***gruselig*** anhört. Sie konnten Gnade ***gewähren*** oder auch ***nicht***, was sich ja so ein ganz Bisschen in der Begnadigungsmöglichkeit unserer Bundespräsidenten bis heute erhalten hat.

Nun bekam in dieser alten Geschichte dieser König von seinem Kanzler ein sorgfältig auf Pergament geschriebenes Todesurteil zur Unterschrift vorgelegt. Und vielleicht steht dabei ja manchem unter uns noch vor Augen, dass nach den harten Gesetzesvorschriften der damaligen Zeit, selbst wegen so geringer Vergehen wie Diebstahl das Todesurteil verhängt werden konnte. Und so war das damals völlig berechtigt, was da in großen Lettern dick unterstrichen und unübersehbar stand: ***„Gnade unmöglich, aufhängen!***" also ***„Gnade unmöglich (Komma), aufhängen!"***

Da nun unser König aber ein König war, den Gott mit Weisheit begnadet und beschenkt hatte (was ja nicht selbstverständlich bei Regierenden aller Zeiten ist), deshalb ließ er sich den Fall trotzdem noch einmal eingehend von seinem Kanzler erläutern. Und was musste er da hören von der Not des Verurteilten, die ihn allein zu dem Diebstahl getrieben hatte, und vom Elend seiner ganzen Familie, das nach der Hinrichtung des Ernährers der Familie ja noch viel schlimmer werden würde. Der König besann sich. Er bewegte alles sorgfältig in seinem Herzen, Und ich denke mir, dass einfach sein Herz tief ***angerührt*** wurde durch das ganze Elend des Verurteilten.

Am Ende stand jedenfalls ***Gnade und Barmherzigkeit***. Ja, er beschloss ohne einen logischen Grund, sondern nur weil es sein Herz im sagte, ***barmherzig*** zu sein und ***Gnade*** walten zu lassen. Und wie er nun dieses für den Verurteilten und seine Familie so ***Gewaltiges*** und ***Einschneidendes*** machte?

Das Erstaunliche ist, und darauf kommt es hier in unserem Zusammenhang an, dass er überhaupt nichts ***äußerlich*** Gewaltiges tat, sondern er veränderte nur an dem so sorgfältig, langwierig und mühselig auf Pergament vorgeschriebenen Urteil eine einzige Winzigkeit: Er veränderte nur das ***Komma*** - und der Mann war frei. Denn er hatte das Komma nur ein Wort weiter nach vorn im Satz gezogen und schon hießen die gleichen Worte: ***„Gnade, unmöglich aufhängen!"*** also ***„Gnade(Komma), unmöglich aufhängen!"***. Schauen Sie, es war so etwas ***Kleines***, in dem sich die Gnade ausdrückte, eben nur die Stellung eines Kommas - und doch war die Wirkung so ***gewaltig***.

Und so ist es ja so häufig in den Dingen, in denen Gott in unser Leben eingreift. Was Gott in seiner Gnade für uns tut, ist manches Mal so ***klein***, dass wir es leicht ***übersehen***. Und dennoch ***geschieht*** es an uns. Und wir können es ***nicht erzwingen,*** sondern es allein ***empfangen***, genauso wie der Verurteilte die Gnade des Königs nur hatte ***empfangen*** können.

Allerdings genau ***dieses*** schmeckt uns nicht. Und deshalb haben wir bei uns im Lande das Königtum abgeschafft. Denn wir wollen ja alles ***selber*** machen und ***selber*** erreichen. Wir wollen keine Gnade, sondern unser ***Recht***. Wir wollen alles durch unseren Fleiß und unsere Tüchtigkeit erringen und ***nicht*** auf Gnade und Barmherzigkeit angewiesen sein. Und vielleicht ist eben genau ***deshalb*** unsere heutige Zeit so unbarmherzig, so lieblos und ungnädig. Allerdings man kann natürlich fragen, ob eine solche Haltung ***realistisch*** ist.

Und genau das bezweifele ich. Denn jeder, der genau in unsere Welt schaut, der weiß, dass der egoistische Zwang, alles ***selber*** machen und erreichen zu wollen, am Ende nur ***Verkrampfung***, ***Lieblosigkeit***, ***Selbstüberforderung***, ***Enttäuschung*** und letztlich sogar ein ***verzweifeltes Sterben*** mit sich bringt. Ich denke, deshalb sagt der Apostel zu diesem allein um sich kreisenden egoistischen Zustand des Menschen „tot sein in Sünden".

Dagegen kann doch jeder, der genau in unsere Welt schaut, sehen, dass ***wahre*** Erfüllung, Zufriedenheit für ein Leben oder auch heitere Gelassenheit eigentlich ***nur geschenkt*** werden können. Und zwar aus einer Lebensdimension, die so ganz anders ist, als unsere alltägliche Lebenswelt. Ja, die Christenheit bezeugt, dass allein von ***Gott***, aus seiner ganz anderen Wirklichkeit unserem Leben Liebe, Sinn, Erfüllung, Zufriedenheit geschenkt werden kann. Durch den Blick auf das Leben und Leiden Jesu Christi dürfen wir sogar gewiss sein, dass der, der so wie Christus ***allein Gott*** vertraut im Leben und im Sterben, dass der nicht nur Lebenserfüllung sondern genauso wie Christus zuletzt ***Auferstehung*** und ***ewiges Leben*** haben wird. Und genau diese ***Gewissheit***, dass ***das so ist,*** die können wir uns in keiner Weise erarbeiten, kaufen oder an uns reißen. Sondern diese Glaubensgewissheit, die wir können uns nur ***schenken*** lassen – ***aus Gnade***.

Und dazu gibt es auch kein großes oder aufwendiges Spektakel. Keine Show, kein Flutlicht, keine Tanzgruppe mit überlauter Musik, kein Aufmarsch oder Fackelzug, sondern bereits in der Taufe allein ein paar Worte und ein paar Tropfen Wasser. Das ist vom Äußerlichen sicherlich genauso wenig, wie die Kommaverschiebung des weisen Königs, mit der er dem Verurteilten Leben und Freiheit schenkte. Und genauso geht es in der Taufe um Leben und Freiheit. Und das nicht nur für die ***Gegenwart***, sondern sogar auf ***ewig***. Denn Gott schenkt uns Freiheit, eben nicht nur zu leben, sondern um ***erfüllt und froh*** zu leben, weil alle Lebensverfehlung und alle Schuld aus Gnade, aus Liebe zu uns von Christus übernommen und ans Kreuz getragen, und damit geheilt worden ist.

Und wenn einem endlich die Augen geöffnet werden, ***das*** zu sehen und zu erkennen, das zu ***spüren*** und zu ***schmecken***, dann kann man wirklich nur ***staunen*** über die Wunder, die Gott für uns tut, die wir doch nur für eine kurze Zeit Gast auf Erden sind.

Und Gott will dabei ***nicht knausern***. Sondern er will uns im Glauben ***mehr*** geben, als wir uns so üblicherweise ausmalen. Darum spricht der Apostel vom „***überschwenglichen*** Reichtum seiner Gnade durch seine Güte gegen uns in Christus Jesus." Und dieser Reichtum ist kein ***klebriger*** Reichtum, der geizig an uns kleben bleibt. Sondern wem die Augen und das Herz für Gottes Gnade geöffnet sind, bei dem quillt es über und der freut sich so, dass er ganz von selbst ***weitergibt***, ***weitererzählt***, mit anderen ***mitlacht*** und ***mitweint***, nicht weil er selbst so stark, tüchtig und einfühlsam ist, sondern weil er sich von Gott aus Gnade ***beschenkt*** und ***reich*** gemacht fühlt. Ein solches durch Gottes Gnade ***reiches*** und ***erfülltes*** Leben schenke der Herr uns allen ***jetzt*** und ***ewig***.

Amen.

Predigt über Hebr 10,32-39
am 16. Sonntag nach Trinitatis[18]

Erinnert euch doch an die ersten Zeiten, nachdem ihr die Erleuchtung empfangen habt: Wie schwer war der Leidenskampf, den ihr da zu bestehen hattet, sei es, dass ihr unter Schmähungen und Bedrängnissen selbst zum Schauspiel geworden seid, oder dass ihr teilhattet an den Leiden derer, denen es so erging. Mit den Gefangenen habt ihr mitgelitten und den Raub eures Hab und Gutes mit Freuden hingenommen in dem Wissen, dass ihr im Besitz eines besseren, bleibenden Vermögens seid. So werft diesen Glaubensmut jetzt ja nicht weg: Er findet reichen Lohn. Denn Ausdauer habt ihr nötig, damit ihr dereinst als solche, die Gottes Willen erfüllt haben, erlangen dürft, was euch zugesagt ist. Denn: nur noch kurze Zeit, dann wird kommen, der kommen soll, und nicht auf sich warten lassen. Wer als Gerechter zu mir gehört, wird dann aufgrund seiner Glaubenstreue das Leben finden. Doch wer zurückgewichen ist, den wird meine Seele verschmähen. Wir aber gehören nicht zu denen, die zurückweichen und verloren gehen, sondern zu denen, die glauben und ihr Leben gewinnen. *(Übersetzung von Ulrich Wilckens)*

Liebe Gemeinde,

„Erinnert euch", so fängt dieses Wort Gottes aus dem Brief des Apostels an die Hebräer an. ***Erinnert euch doch*** an die ersten Zeiten, nachdem ihr die Erleuchtung empfangen habt.

Aber was sind das denn für Erinnerungen bei ***uns hier*** und ***heute***! Jetzt müssten wir eigentlich sorgfältig miteinander ***reden***, reden darüber, wie das für einen jeden von uns war, als er zum Glauben gekommen ist, oder zumindest, wie er ***wach*** geworden ist, für die Dimensionen des Glaubens. Ja, so ***müssten wir eigentlich*** miteinander reden. ***Eigentlich.***

Aber normalerweise klappt das nicht so einfach hier in unserem Land und in unserer Kultur. Denn hierzulande spricht man nicht gern über solche Dinge. Denn irgendwie gehören Glaubensfragen zu den Bereichen, die wir lieber unter so einer Art ***Schamgefühl*** verbergen. Und dazu haben wir ***guten Grund***. Denn wer so ***offen*** über das redet, was ihn in seinem Innersten bewegt und bewegt hat, der macht sich leicht ***angreifbar*** und ***verletzlich***. Oder er läuft sogar in die Gefahr, dass man sich über ihn ***lustig*** macht, also dass man - in den Vokabeln unseres Bibelwortes – „unter Schmähungen und Bedrängnissen selbst zum ***Schauspiel***" wird.

Ich will nun aber trotzdem einmal davon erzählen, wie es mir da in meinem persönlichen Lebens- und Glaubensweg ergangen ist. Und da ist die Zeit nach meiner Konfirmation eine wichtige Etappe, als ich mit zwei anderen Freunden auf einmal merkte, dass alles, was und wie wir vorher gelebt hatten, ***nicht ausreichte*** und ***nicht trug***. Wir waren damals in einer christlichen Jugendgruppe und natürlich hatten so manches Mal viel dummes Zeug im Sinn. So waren wir eben ganz normale Jugendliche und wirklich nicht anders als Ihr Konfirmanden heutzutage. Dennoch ließ unser damaliger Pastor nicht nach, uns anzuleiten, richtig und täglich ***Bibel*** zu ***lesen***. Und dann versuchten wir auch mit großer Beharrlichkeit, unser Leben nach dem biblischen Glauben auszurichten. Das waren damals ganz dichte, erfüllte Zeiten.

Das waren aber dann auch Zeiten, in denen in der Schule und in Bekanntschaften dieser Lebensweg im Glauben ***verteidigt*** werden musste. Denn auch damals war es so wie heute, dass man sich so manches Mal - selbst wenn man am Sonntag nur in die Kirche gehen wollte - beinahe ***rechtfertigen*** oder ***verteidigen*** musste, oder von Freunden und Bekannten gar ***ausgelacht*** wurde.

Allerdings war es ganz bestimmt nicht so, wie in den Zeiten der Christenverfolgung, von denen unser Bibelwort geprägt ist. Nein, Gott sei Dank, wurde ein solches schweres Glaubenszeugnis mit Leib und Leben, Hab und Gut, ***nicht*** von uns gefordert. Und es wird auch heute nicht in unserem Lande von uns gefordert, Gott sei Dank! Obwohl es gegenwärtig durchaus Länder gibt, in denen Christen ihr Bekenntnis zu Christus mit Enteignung, Gefängnis oder Tod bezahlen müssen – so etwa ja in Nordkorea.

Wenn also ein solches schweres Glaubenszeugnis nicht von uns gefordert wurde, so war es für uns trotzdem auch damals so, dass es ***verletzlich*** machte, über den Glauben zu sprechen und ihn dabei eben ***nicht*** verächtlich zu machen, sondern sich zu ihm zu ***bekennen***. Sie können sich alle vorstellen, wie viele Bloßstellungen und Peinlichkeiten es dann für uns junge Leute damals gab. Aber diese wurden im Glauben getragen. Und sie nahmen uns ***nicht*** den Mut, sondern im ***Gegenteil***, sie ***stärkten*** sogar noch den Glauben - eben weil man getragen war durch das Wissen, „im Besitz eines besseren, bleibenden Vermögens" zu sein – so wie es in unserem Bibelwort heißt.

Vor einigen Monaten hatten wir nun ein Treffen mit einer ganzen Anzahl von ehemaligen Jugendgruppenmitgliedern. Und da gab es eine ganze Menge netter Erinnerungen aus der Zeit nach der Konfirmation, aber wo war da der ***Schwung*** von ***damals***? Wo sind solche glaubenstärkenden Erfahrungen ***heute***, Erfahrungen, die ***damals*** begeistert hatten und die Mut gemacht hatten? Wo sind da ***jetzt*** Glaubensmut und Glaubenstreue, die Hoffnung machen, Ausdauer geben und die Seele stärken?

Jetzt fallen mir zwei Besuche ein, die ich vor einiger Zeit gemacht hatte. Der erste Besuch ist ein Besuch in einem Krankenhaus. Und da besuchte ich einen frommen Mann. Natürlich war er auch konfirmiert worden. Natürlich hatte er auch seinen Glauben gefunden. Aber nun hatte er kürzlich beide Beine verloren. Und die Wunden wollten und wollten nicht heilen und bereiteten ihm unsägliche Schmerzen. Ich stehe an seinem Bett und er windet sich hin und her vor Schmerzen und stöhnt mir dann zu: „Herr Pastor, können Sie mir nicht etwas mitbringen, dass all meinem Leiden am Ende macht?” Absolute ***Hoffnungslosigkeit***! Keinerlei Lebensperspektiven! Alles ***erbärmlich***. Alles Lebenszutrauen und alles Gottvertrauen ***weggeworfen***.

Allerdings muss ich jetzt auch an einen ***anderen*** Besuch zurückdenken, den Besuch bei einer Patientin in einer geschlossenen Anstalt für geistig und seelisch Kranke. Ich weiß nicht, ob Sie einmal die ganze ***Hoffnungslosigkeit***, ***Enge*** und ***Bedrücktheit*** einer solchen geschlossenen Anstalt erlebt haben. Heilung? Wohl kaum. Lebensperspektiven? So gut wie keine. Es war alles mehr als ***erbärmlich***.

Aber da fragte mich plötzlich und so fast im Vorübergehen eine andere Patientin - und sicherlich war sie auch einmal konfirmiert worden -, sie fragte: „Herr Pastor, gibt es eine Gerechtigkeit auf dieser Welt?” Ich überlegte einen Moment, und natürlich stand mir die ganze ***Ungerechtigkeit*** vor Augen, dass sie mit solch einer Krankheit geschlagen und darum gefangen war und andere eben nicht und deshalb fiel mit dann nur ein zu sagen: „Ich hoffe und bete darum.” Und ich dachte, damit wäre alles erledigt und widmete mich ***der*** jungen Frau, deretwegen ich zu Besuch gekommen war. Aber zum Abschied rief dann auf einmal diese andere Patientin quer durch die ganzen Aufenthaltsraum „Herr Pastor, ***beten sie für mich***.”

Da begriff ich mit einem Mal: So offenkundig aussichtslos und ***hoffnungslos*** die Situation für diese Patientin auch war, sie hatte ihr Lebenszutrauen und Gottvertrauen ***nicht weggeworfen***. Irgendwo wusste sie noch etwas von der ***Macht des Gebets***, irgendwo wusste sie noch etwas von den Kräften, die ***eigentlich*** und in ***Gottes Namen*** mächtiger und stärker als alle Gefangenschaft unser Leben ***bestimmen***. Und weil es doch um dieses Wissen und diese Erfahrung geht, deshalb kann der Apostel eindringlich zurufen: „Werft euren Glaubensmut jetzt ***nicht weg*** Denn Ausdauer habt ihr nötig. Nur noch kurze Zeit, dann wird ***kommen***, der kommen ***soll***.”

An dieser Stelle hat unser Altbischof Wilkens die griechische Ursprungsvokabel (παρρησία) mit dem deutschen Wort „Glaubensmut” übersetzt. Dagegen übersetzte

Luther: „Werft euer ***Vertrauen*** jetzt nicht weg." Aber eigentlich sind diese benutzten Worte für dieses Wort im griechischen Urtext noch viel zu schwach, denn eigentlich müsste es heißen: werft eure ***Unerschrocken*** nicht weg, werft eure euren ***Freimut***, eure ***Standfestigkeit***, eure ***Offenheit*** nicht weg.

Und das sind wirklich ***starke Worte***. Und trotzdem: Ist es nicht gerade die Erfahrung des Lebens, selbst des Lebens ***derer***, die einmal von Gott begeistert waren, dass dieser Freimut, diese Standfestigkeit, diese mutige Unerschrockenheit, so ***bitter*** im Leben ***gebrochen*** wird, gebrochen etwa durch die seelische oder körperliche Krankheit, oder durch Trauer, Schmerz und Einsamkeit, oder auch durch das Einerlei des Alltags? Und trotzdem sagt der Apostel: „Nur wer als Gerechter, Standfester, als Befreiter zu mir gehört, wird dann aufgrund seiner Glaubensstreue das Leben finden."

Aber nach unseren Erfahrungen des Lebens kann das doch ***keiner durchhalten***. Sollte man darum nicht dieses Gotteswort von der Glaubenstreue in der heutigen treulosen, schnelllebigen und gebrochene Zeit lieber verschweigen, lieber nicht mehr darüber reden? Aber wer das tut, wer so von dem, was ihm heilig ist, schweigt, ***der gibt sich selbst auf,*** der gibt sich ***selbst*** auf und die ***ganze Welt***.

Allerdings: Wer darf denn überhaupt glaubwürdig über die Glaubenstreue, die alles Leid überwindet, reden? Etwa die noch gesunden, die noch ungebrochen, die, die noch immer Glück gehabt hatten, die, die noch nie die Schattenseiten des Lebens bitter hatten erfahren müssen? Nein, über Glaubenstreue und Leid sollen sie nicht reden, aber über ***Dankbarkeit***. Ja, dazu haben sie Grund genug und dürfen so ***fröhlich Gott loben***.

Aber über Glaubenstreue und Leid zu reden, das dürfen ***glaubwürdig*** nur die, die das Wunder des Glaubens ***erfahren*** haben, wenn sie etwa als Vereinsamte und Todkranke, als Trostlose und Verzweifelte dann ***trotzdem*** wagten, auf Gott zu vertrauen, und dann wunderbar und unbegreiflich durch Leid und Schmerz hindurch getragen worden sind: Eben auf das Leid Christi schauen und auf seine ***Auferstehung*** und dann selbst so etwas, wie eine ***Auferstehung*** aus eigenem Leid erleben dürfen.

Aber wer das erfahren hat, der weiß dann auch, dass man derart Vertrauen und Standfestigkeit sich ***nicht vornehmen*** und ***erzwingen***, sondern nur von Herzen ***erbitten*** kann.

Aber wem dann so Glaubenstreue und Glaubensmut, Vertrauen und Standfestigkeit geschenkt ist, und wer dann selbst so etwas, wie eine ***Auferstehung*** aus eigenem Leid hat erleben dürfen, der darf dann auch erfahren, wie der eigene Glauben dadurch noch ***fester***, noch freier, noch ***standhafter*** und noch fröhlicher geworden ist - und auch der Glaube anderer. Denn das tut einfach ***gut***, solche Menschen zu sehen. Solch geprüfter Glaube, der ***steckt an***, der macht in Jesu Christi Namen sogar Mut, weiter zu tragen, oder vielleicht sogar weiter zu leiden.

Und vielleicht weicht sogar Leid und Schmerz teilweise oder ganz, wenn einen ein solcher Glaube ergreift, und wenn damit alle Gedanken und Hoffnungen auf Gott gerichtet sind und das Kommen seines Reiches. Und eigentlich müssten sogar Kummer und Sorge weichen, wenn man sich durch solchen Glauben dann sicher und froh darüber werden kann, dass man eben nicht zu denen gehört, die zurückweichen und verloren gehen, sondern zu denen, die ihr Leben ***in Jesus Christus gewinnen***. Das schenke Gott uns allen.

Amen.

Predigt über 3. Mose 23,39b-41 am Erntedanktag[19]

Seit Urzeiten feiert die Menschheit Erntedank. Seit Urzeiten ist es auch ***so*** oder so ***ähnlich***, wie es uns unsere Kinder mit dem Säen, Wachsen, Ernten, Mahlen, Backen gezeigt haben. Nur dass eben früher weniger Maschinen beteiligt waren. Weil es nun seit Urzeiten um den immer gleichen Werdegang geht, darum lassen Sie mich in meiner Predigt zum Erntedankfest auch mit einem uralten Bericht beginnen, nämlich damit, was Gott der Herr Mose sagte, als das alte Gottesvolk endlich im gelobten Land angekommen war und nun dort leben durfte. Dieser Bericht steht im 3. Mose 23,39b-41 und dort redete der Herr mit Mose und sprach:

Wenn ihr die Früchte des Landes einbringt, sollt ihr ein Fest des HERRN halten sieben Tage lang. Am ersten Tage ist Ruhetag und am achten Tage ist auch Ruhetag. Ihr sollt am ersten Tage Früchte nehmen von schönen Bäumen, Palmwedel und Zweige von Laubbäumen und Bachweiden und sieben Tage fröhlich sein vor dem HERRN, eurem Gott, und sollt das Fest dem HERRN halten jährlich sieben Tage lang. Das soll eine ewige Ordnung sein bei euren Nachkommen, dass sie im siebenten Monat so feiern.

Liebe Gemeinde!

Vielleicht staunen wir zuerst einmal! Damals, ja, damals konnte man noch ***feiern***! ***Sieben Tage*** lang, und nicht nur einen ***einzigen*** Erntedanktag lang sollte das alte Gottesvolk, wenn es die Früchte des Landes einbringt, das Fest dem HERRN halten jedes Jahr, und ***fröhlich*** sein und es sich ***gut*** gehen lassen. Nun weiß ich aber gar nicht, ob ***wir*** das heute ***auch*** schaffen könnten, sieben Tage lang Erntedank zu feiern, ja, ob wir es ***überhaupt*** schaffen könnten sieben Tage lang zu feiern. Ich hörte neulich, dass es mit jeder Feierei sei, wie mit ungekühltem Fisch: Nach drei Tagen fängt er an zu stinken. Aber nun habe ich ja nun nicht sieben Tage lang über Erntedank zu predigen, sondern nur ***allein heute***, und manchem reicht das schon sicher mehr als genug.

Aber jetzt noch einmal zu dem alten Gottesvolk: ***Weshalb*** sollten das eigentlich feiern? Naja, weil Gott, der Herr, es eben geboten hat, so haben wir es ja gerade aus dem Bibelwort gehört.

Aber Hand aufs Herz, kann das denn klappen? Da bekommt man nachdrücklich gesagt: Du sollst dankbar sein, feiern und fröhlich sein! Und dann geht es auch wirklich los? Aber kann auch nur ***einer*** unter uns auf Kommando fröhlich sein? Und da kann auch nicht, wie das heute bei Festlichkeiten so allgemein üblich geworden ist, das Aufstellen von tausend Würstchenbuden oder Glühweinständen helfen. Nein, wenn man ***richtig*** feiern und fröhlich sein will, dann man muss schon ***Gründe*** haben, ***gute*** Gründe, sonst kommt keine Stimmung auf, sonst wird alles Feiern nur ***Krampf***.

Darum also: welche Gründe außer dem Gebot Gottes hatte denn das alte Gottesvolk, um zu feiern und fröhlich zu sein? Ja, welche Gründe hatte das alte Gottesvolk, um üppig ***Erntedank*** zu feiern? Hatte es vielleicht vollkommen überholte Gründe, über die ein moderner Mensch bestenfalls zu lächeln beliebt, weil man damals noch nicht so modern war wie wir und noch nicht so ganz ***Bescheid*** wusste? Und was ***dachte*** man denn damals, was wir heute ganz anders und besser wissen?

Ja, für das alte Gottesvolk war doch das Wissen ganz selbstverständlich, dass alles Wachsen, Blühen und Gedeihen von ***übermenschlichen***, eben ***göttlichen*** Kräften abhängt. Und deshalb habe man dann Gott zu ***danken***. Aber hatte das alte Gottesvolk darum vielleicht aus ***irrtümlichen*** Gründen Erntedank gefeiert?

Denn wir als moderne Menschen, fühlen uns doch von dem Wissen getragen, dass wir alles ***selbst*** machen! Und das nicht nur bei unseren ***Industrieprodukten*** oder bei unseren ***Dienstleistungen***. Sondern auch in Haus und Garten, in Land- und Forstwirtschaft! Wenn man entsprechenden Werbeprospekten folgen will, dann braucht man doch nur richtig umzugraben, zu düngen, zu füttern, Pflanzenschutzmittel zu spritzen

Wachstumshormone zu zusetzen, (natürlich alles von der richtigen Marke) dann steht am Ende selbstverständlich der Erfolg! Dann kann man stolz sein auf eigene Leistung, dann kann man gut schlafen. Also: warum sollte man ***dann*** Erntedankfest feiern? Denn alle Früchte und Erträge wären ja nur schlicht eine notwendige Folge der eigenen Überlegungen und Planungen.

Oder stimmen etwa diese ganzen Versprechungen auf Hochglanzpapier gar nicht und ist das alles vielleicht ganz ***anders***? Sieht das möglicherweise nur auf den ***ersten Blick*** so aus, als könnte man als moderner Mensch den Erfolg allen Pflanzens und Aufziehens in Stall, Feld und Garten genau ***berechnen und kalkulieren***?

Aber selbst ***wenn*** man alles so genau berechnen und kalkulieren könnte, wer unter uns hat es nicht erlebt, dass man etwa aufgrund von schlechtem Wetter, Krankheit oder Unfall am Ende froh sein konnte, dass wenigstens ***ein Teil*** der Arbeitsmühe eines Jahres nicht umsonst war. Und manchmal hat man so viel gearbeitet und geschwitzt, und dann kommt am Ende etwa durch eine neue Preisfestsetzung nur gerade so viel Geld wieder heraus, wie man an Saatgut hereingesteckt hatte. Und unsere Milchbauern, bekommen die nicht durch den gegenwärtig über sie hereingebrochenen Preisverfall für Milch noch nicht einmal das Geld für das Futter der Kühe wieder herein? Wer wollte sich darum jetzt in unserer Zeit hinstellen und sagen: ***Ich garantiere*** Wachstum, Gedeihen und Erfolg. ***Ich bin es***, der dafür sorgt, dass ihr bestimmt glücklich werdet!

Ich weiß, ich weiß, natürlich ***gibt*** es solche Menschen. Aber wir wissen doch alle genau, dass das ***Marktschreier oder Betrüger*** sind, die uns nur irgendetwas verkaufen oder unsere Wählerstimme kaufen wollen. Unsere nüchterne Lebenserfahrung ist doch, dass der Menschheit schon immer Gutes und Böses, Glück und Unglück, Erfolg oder Versagen letztlich unverfügbar geblieben ist. Und genau ***das,*** das wusste das alte Gottesvolk.

Aber das ist noch nicht alles. Sondern das alte Gottesvolk und erst recht das ***neue*** Gottesvolk, die Christenheit auf Erden, weiß noch ***mehr***. Ja, wer in Gott, den Vater und den Sohn und den Heiligen Geist Vertrauen fassen kann, der kann sich eben ***sicher*** sein, dass ihn kein blindes Schicksal im Leben und Sterben zwischen Gutem und Bösem umherschleudert und herumwürfelt. Sondern als Christen dürfen wir Jesu Worten glauben, und uns blind darauf verlassen, dass wir aus der Hand unseres guten Gottes nicht nur unser ***Leben*** empfangen dürfen, sondern auch alles das, was wir zum Leben ***brauchen***. Unser Vater im Himmel meint es ***gut*** mit uns und will für uns sorgen und darüber dürfen wir froh und dankbar sein. Unser Vater im Himmel will uns mit allem Guten versorgen und wir dürfen alles Wachsen und Gedeihen um uns herum und in uns als Zeichen dafür nehmen. Also, wenn das nun kein Grund ist, um zu feiern! Bestimmt reichen da gar nicht sieben Tage aus, um das alles abzufeiern.

Halt! Nicht so schnell! Denn was ist mit denen, die heute das deutliche Gefühl haben, zu ***wenig*** geerntet zu haben, im vergangenen Jahr zu ***wenig*** Erfolg gehabt zu haben, oder vielleicht sogar um die ganze Arbeit und Mühe dieses Jahres ***betrogen*** worden zu sein?

Aber sind da nicht drei Dinge ganz wichtig? Nämlich zuerst einmal dürfen wir das unserem Gott wirklich klagen. Ja, unser Gott nimmt Klagen ***an*** und er nimmt sie ***ernst***. Häufig hat er sogar schon lange etwas dagegen ***getan***. Wir haben es nur noch nicht gemerkt. Sodann aber wäre es doch schofelig, wenn wir alle, die wir gut haben ernten dürfen, sehen würden, dass es einem unter uns schlecht geht, und dann nicht irgendwie helfen, trösten und beistehen würden? Und da haben uns doch auch unsere Kindergartenkinder gerade so schön ***zum Teilen*** aufgerufen. Darum ist doch gerade hier auf dem Lande die Nachbarschaftshilfe etwas ganz Kostbares, das von uns allen gut gehütet und gepflegt sein will. Und außerdem können wir auch durchaus mit ***denen*** Teilen, die weltweit in Not geraten sind.

Aber jetzt das Dritte: Wie ist das mit dem Gefühl, in diesem Leben zu kurz gekommen zu sein ***angesichts der Ewigkeit***? Wenn ich mir ganz sicher sein darf, dass Gott ***für*** mich ist, mich behütet und bewahrt diese kurze Lebenszeit und bis in alle Ewigkeit, kann ich mich dann überhaupt zu kurz gekommen fühlen? Natürlich kann man das eine Jahr einmal mehr und das andere Jahr einmal weniger ernten, aber wenn ich genau weiß, dass ich für das Leben, Sterben und Auferstehen genug habe und zur Ernte der Ewigkeit gehöre, wie sollte ich mich dann noch zu kurz gekommen fühlen?

Und wenn ich mir ***so*** sicher und getrost sein kann, schaue ich dann nicht ganz anders in die Welt, nämlich voller Zutrauen, und sehe ihre Schönheiten, und ***staune*** und ***freue*** mich über alles Wachsen und Gedeihen? Denn dann kann ich doch entdecken, bei allem was man an Mühe und Arbeit in Feld und Weide, in Stall und Scheune hineinstecken muss, wie wunderbar eigentlich alles Gott, der Herr, keimen, wachsen und Frucht bringen lässt, damit wir ihn ***loben*** und ihm ***danken*** und uns in ihm ***freuen***, wie damals das alte Gottesvolk.

Amen.

Predigt über Jes 65,17-19 am vorletzten Sonntag des Kirchenjahres[20]

So spricht der Herr „Siehe, ich will einen neuen Himmel und eine neue Erde schaffen, dass man der vorigen nicht mehr gedenken und sie nicht mehr zu Herzen nehmen wird. Freuet euch und seid fröhlich immerdar über das, was ich schaffe. Denn siehe, ich will Jerusalem zur Wonne machen und sein Volk zur Freude, und ich will fröhlich sein über Jerusalem und mich freuen über mein Volk. Man soll in ihm nicht mehr hören die Stimme des Weinens noch die Stimme des Klagens."

Liebe Gemeinde!

In diesen dunklen Novembertagen am Ende des Kirchenjahres stehen uns mahnend und eindringlich unsere ***Toten*** vor Augen, unsere Toten groß und klein. Und ihre Schar ist so groß. Auch kann es dabei mancher verspüren, wie wieder Schmerz und Trauer schwer auf uns lasten wollen. Ganz von selbst sind da mit einem Mal Bilder und Erinnerungen, mit denen uns jetzt alle ***die*** Toten gegenwärtig sind, die wir in Kl. Offenseth-Sparrieshoop, Bokholt-Hanredder und Groß Offenseth-Aspern im vergangenen Kirchenjahr haben zu Grabe tragen müssen. Sie sind direkt aus unserer Mitte gerissen worden. Und so mancher fühlt noch ganz frisch die Wunden in seiner Seele und auch alle Tränen und alle Schmerzen. Aber es gibt auch Menschen, um die ***keiner*** geweint hat und um die ***keiner*** Leid getragen hat. Um so wichtiger, dass wir auch ***sie*** in unsere Fürbitte mit einschließen.

Und dann sind da die Toten, die unser Volk in den Weltkriegen und den nachfolgenden Leiden verloren hat, und die ebenfalls heute aus dem Schatten der Vergangenheit treten und von deren ***Andenken*** her ja der heutige Volkstrauertag seinen überlieferten Namen hat.

Und dann sind da weiter die Toten, die diese Welt als Opfer von Flucht, Vertreibung, Terror und Gewalt verloren hat. Und nicht zu letzt sind da die Soldaten, die da genau in ***unseren*** Tagen und für ***uns***, im Auftrag und auf Befehl unseres ***jetzigen Staates*** in Afghanistan oder an anderen Orten der Welt ihr Leben haben hergeben müssen.

Ja, es sind ***viele Tote*** nah und fern, derer zu gedenken ist. Es sind so ***übermächtig*** viele. Und man kann alles gar nicht richtig fassen. Aber weil eben damit die Dunkelheit dieser Welt so übermächtig ist, darum will die Sehnsucht nach einer ***besseren*** Welt, nach einer ***anderen geheilten*** Welt ohne Tod und Verderben ganz groß werden. Und das ***klingt an*** in ***dem***, was uns unser Gott so tröstlich und ermutigend zusagt: „Siehe, ich will einen ***neuen*** Himmel und eine ***neue*** Erde schaffen, dass man der vorigen nicht mehr gedenken und sie nicht mehr zu Herzen nehmen wird."

Jedoch wie sollte man eine solche Verheißung gleich begreifen und in sich einschließen können an einem Tag, an dem eigentlich das ***ganze Volk*** Trauer tragen und innehalten und dem Schmerz auch Raum geben soll. Volkstrauertag soll ja nun ***eigentlich*** heißen, dass an ***diesem einen Tag*** das ***ganze Volk*** genauso fühlen will, wie ***diejenigen***, die gerade ihren liebsten Menschen verloren haben. Und da müsste es doch ganz unwillkürlich so sein, als sollte darum wirklich die ganze Schöpfung ***mitfühlen*** und ***mitleiden***, Tiere, Pflanzen, Gewässer und sogar Wind und Wolken.

Allerdings, wenn wir in unser Alltagstreiben schauen, dann finden wir meist gar keine Möglichkeit, um der Trauer Raum zu geben, oder zu einem In-sich-gehen. Und darum sieht es auf den ersten Blick so aus, als könnte so bitter schnell über alles, was im vergangenen Kirchenjahr hier unter uns gelitten, gestorben und getrauert wurde, hinweggegangen werden. Und genauso wenig scheint auch alles, was ***für*** das ganze Volk und ***um*** des ganzen Volkes ***willen*** ausgehalten wurde, was an Opfern gebracht wurde, was gestorben wurde, in unserem Alltag wichtig zu sein.

Und dennoch: wer kann das ernsthaft ***wollen***, dass alles, was mit Tod und Trauer zu tun hat, so leicht und schnell übergangen wird? Wer kann das ernsthaft wollen, dass damit auch alle Sehnsucht nach ***Heilung*** und ***Heimat*** vergessen sein, aber gleichzeitig auch alle Sehnsucht nach einem ***neuen*** Himmel und einer ***neuen*** Erde, nach ***Erlösung*** durch ***Jesu Christus***?

Aber ist vielleicht alles Verschweigen oder Verdrängen von Trauer und Schmerz nur ***äußerer Anschein***. Und vielleicht sieht das alles nur nach ***außen*** so aus. Genauso könnte doch sein, dass alles Übergehen von Trauer und Schmerz vielmehr mit der Erkenntnis zu tun hat, dass die Gewalt des Todes für uns Menschen einfach zu ***übermächtig*** ist und uns darum stumm macht.

Genauso könnte doch sein, dass alles Übergehen von Trauer und Schmerz irgendwie damit zu tun hat, dass wir Menschen offen oder insgeheim wissen, dass wir als unvollkommene Menschen es ***niemals*** schaffen werden, die Macht des Todes zu besiegen - weshalb ja vielfach einem Trauernden gar nichts anderes übrigbleibt, als seinen Schmerz irgendwie zu verschweigen und zu verdrängen und sich in seinem Leben auf irgendeine Weise einzurichten, selbst wenn manchmal die Trauer wie in Wellen wiederkommt und einem etwa mitten beim Einkaufen die Tränen in Gesicht schießen. Aber wen sollte man dann so schnell finden, um dann darüber reden, ***welche*** Hoffnung und ***welcher*** Trost es ist, die wirklich Tod und Sterben überwinden? Also verbleibt im normalen Leben nur Verschweigen oder Verdrängen. Alltag. Und der muss funktionieren.

Und da findet sich eben so wenig Raum dafür, hören und vernehmen zu können, dass uns zugesagt ist, dass es der ***Herr,*** unser ***Gott*** sein wird, der einen ***neuen*** Himmel und eine ***neue*** Erde schaffen wird, so dass man ***fröhlich*** darüber sein kann und nicht mehr hören wird die Stimme des Weinens oder Klagens.

Allerdings, wer traut sich in der heutigen Zeit, so etwas unbefangen anzusprechen? Wer traut sich, in der heutigen Zeit zu bekennen, dass er sich so auf Trost von Gott her sehnt und ausstreckt? Und darum scheint letztlich so ***viel*** in unserem Leben ***unausgesprochen*** oder ***unaussprechlich*** zu sein und zu bleiben.

Offensichtlich sind es dann erst Momente, in denen aufs Neue das eigene Leben in eine schlimme Krise gerät, dass dann Unausgesprochenes in die Erinnerung und zur Sprache gebracht werden kann. Wenn einen etwa Arbeitslosigkeit oder Berufsunfähigkeit durcheinanderwirbeln oder wenn die Partnerschaft zerbricht oder wenn einen Demütigungen, Schwäche und Krankheit würgen und zu zerbrechen drohen. Völlig ***überraschend*** kommen sie dann wieder, die Erinnerungen, die Erinnerungen an das Gehörte oder an das selbst Erlebte. Mit einem Male ***lassen sich*** Tod und Sterben nicht mehr verschweigen oder verdrängen, sondern Erinnerungen werden groß. Erinnerungen gerade auch im Hinblick auf die erlittene Geschichte unseres ganzen Volkes

Wie oft habe ich so im Krankenhaus von den Schwerkranken oder den Sterbenden von dieser erlittenen Geschichte gehört. Dann waren da wieder ganz ***nah*** und ***lebendig*** die damals erlebten Qualen, die früher durchlittenen Strapazen, oder alle unbewältigte, unsagbare Trauer - etwa über den verlorenen Vater. Wie dann der Briefträger den Brief, die Nachricht bringt, und schon so schaut.

Oder wie die Mutter förmlich versteinert, als sie lesen muss dass der Sohn nicht mehr wiederkommt. Und dann klingt es auch wieder im Ohr. Das Krachen und Prasseln, das Schreien der Verwundeten und das Stöhnen der Sterbenden. So wie wir es jetzt in diesen Tagen Wieder etwa aus Afghanistan hören können. Gefühle der Ohnmacht und Wut. Bebendes Fragen nach Schuld und nach dem Warum.

Gewiss gibt es da Menschen, die in solcher Situation ihren Glauben und ihre Selbstachtung verloren haben und die inmitten von Trümmern in Verzweiflung versunken sind. Aber so oft ich beim Sprechen und Flüstern der Schwerkranken und Sterbenden auch das ***andere*** gehört, das uns heute so wichtig sein kann: Von wunderbaren Gebetserhörungen damals wissen sie zu erzählen. Wie Gott damals ***gerettet*** und ***getragen*** hat, wo alles schon aufgegeben, wo alles schon verloren schien. Wie Gott damals etwa auch aus den tiefsten Bergwerken Russlands wieder ***heimgeführt*** und ***befreit*** hat, wie Gott damals gefolterten Männern und geschändeten Frauen wieder zum Leben verhalf.

Und wenn mir die Sterbenden ***davon*** ins Ohr sagen, dann ist das für sie die ***entscheidende*** Erfahrung ihres Lebens, dann ist das für sie trotz aller Schmerzen und aller Trauer dennoch Grund zur ***Hoffnung***, zur Hoffnung auf ***Gott***, den ***Herrn***, der einen ***neuen*** Himmel und eine ***neue*** Erde schaffen wird. Ja und dann, dann wagen sie sich, in Erinnerung an diese Tröstung und Hoffnung auch in ihrem ***eigenen*** Tod auf den lebendigen Gott zu verlassen, der doch die Tränen von allen Angesichtern abwischen wird. Ja, dann wagen sie auf ***den*** Gott zu hoffen, dem sie ***damals*** schon ***einmal*** für Tröstung und neuen Lebensmut gedankt haben. Und schicken sich ins Sterben in der Hoffnung, dereinst wieder mit allen unseren Lieben, die uns bereits vorangegangen sind, ewig einstimmen zu können in die Verheißung Gottes: „Freuet euch und seid fröhlich immerdar über das, was ich schaffe."

Ja, wie gut wäre es, wenn wir Jungen und wir Alten, wir Großeltern, Eltern und wir Enkel angesichts des Volkstrauertages in dieser christlichen Hoffnung verbunden sein könnten, wenn wir Jungen und wir Alten, angesichts des ***vergangenen*** und des ***gegenwärtigen*** Sterbens uns ***voller Gottvertrauen*** darauf verlassen könnten, dass Gott einen neuen Himmel und eine neue Erde schaffen wird, so dass man fröhlich darüber sein kann, und nicht mehr hören wird die Stimme des Weinens noch die Stimme des Klagens, ja, durch ihn, unseren Herrn und Erlöser Jesus Christus, bereits alles neu gemacht hat. ***Dann*** könnten wir getrost besinnlich und doch froh unser Leben führen.

Wenn wir Jungen und wir Alten, die wir in den letzten Monaten einen lieben Menschen verloren haben, uns voller Gottvertrauen darauf verlassen könnten, dass Jesus Christus durch sein Sterben und Auferstehen den Tod auf ***ewig*** überwunden hat und darum den Beginn für eine neue Schöpfung gelegt hat, dann könnten wir ***trotz aller Trauer*** getrost das Alltägliche tun, was uns vor die Hand kommt, sowie den Bedürftigen geben, und den Schwachen helfen. Das wäre dann ein ***gottesfürchtiges*** und darum ***erfülltes*** Leben, das die kurze Zeit überbrückt, bis wir uns mit unseren verlorenen Lieben im Reich Gottes wiedersehen und froh und dankbar in die Arme schließen. In so einem erfüllten Leben würden dann ***ganz von selbst*** Gedanken des Friedens mächtiger werden als alle Trauer und als aller Schmerz.

Gott schenke uns allen durch unseren Herrn Jesus Christus diese ***ernste*** und zugleich ***frohe*** Hoffnung, damit unsere Seelen getröstet und erleichtert werden und wir ihm darum für diese tröstliche Gewissheit danken können von jetzt bis in Ewigkeit.

Amen.

IV. ANMERKUNGEN

1 Zum 28.11.2010 in: Göttinger Predigten im Internet hg. von U. Nembach http://www.predigten.uni-goettingen.de/predigt.php?id=2557&kennung=20101128de
2 Gehalten in der II. Christvesper den 24.12.2010, in Sparrieshoop
3 Gehalten am 6.2.2011, in Sparrieshoop
4 Gehalten am 13.2.2011 in Sparrieshoop
5 Gehalten am 27.2.2011 in Sparrieshoop
6 Gehalten am 20.3.2011 in Sparrieshoop
7 Zum 20.3.2008 in: Göttinger Predigten im Internet hg. von U. Nembach http://www.predigten.uni-goettingen.de/predigt.php?id=2755&kennung=20110320de
8 Gehalten am 13.5.2010 in Sparrieshoop,
9 Gehalten am 23.5.2010 in Sparrieshoop,
10 nach: R. Mokrosch, Predigt zu Apg 2:1-18, ihttp://www.predigten.uni-goettingen.de/predigt.php?id=2283& kennung=20100523de vom 22.05.2010
11 Gehalten am 13.6.2010 in Sparrieshoop,
12 Zum 18.7.2010, in: Göttinger Predigten im Internet, hrsg. v. U. Nembach/ J. Neukirch/ C. Dinkel/ I. Karle, Göttingen 2010 (http://www.predigten.uni-goettingen.de/predigt.php?id=2361&kennung=2010071),
13 "Jésus annonçait le royaume, et c'est l'Eglise qui est venue." Vgl. A. Loisy, L'Evangile et l'Eglise, Bellevue 1904[3], S. 155
14 Besonders eindringlich doch Wilhelm Weitling, Die Menschheit, wie sie ist und wie sie sein sollte, München 1895, S. 21, der allerdings meinte, dass seine (Christi) Nachfolger bis ins dritte Jahrhundert nach Christo „als würdige Erben seiner Lehre in Gütergemeinschaft" lebten, aber nicht dauerhaft, was „an der Verdorbenheit der Mächtigen und Priester gelegen" habe.
15 Für Luther war die Gemeinschaft der Güter nicht dem Naturrecht gemäß. Sie sei nicht etwas Gebotenes, sondern etwas Zugelassenes. (WATr 4103)
16 Gehalten am 25.7.2010 in Sparrieshoop,
17 Gehalten am 15.8.2010 in Sparrieshoop,
18 Gehalten am 19.9.2010 in Sparrieshoop,
19 Gehalten am 4.10.2009 in Sparrieshoop,
20 Gehalten am 14.11.2010 in Sparrieshoop,

MIX
Papier aus verantwortungsvollen Quellen
Paper from responsible sources
FSC® C105338

Printed by Books on Demand GmbH, Norderstedt / Germany